Yehudi Menuhin

Sechs Violinstunden

Ein Lehrbuch mit zahlreichen Illustrationen und Notenbeispielen

2. Auflage

Albert Müller Verlag · Rüschlikon-Zürich · Stuttgart · Wien

Aus dem Englischen übersetzt von Else Winter. – Titel des englischen Originals: «Violin – Six Lessons with Yehudi Menuhin», erschienen bei Faber Music Ltd, London. © Yehudi Menuhin 1971. – Deutsche Ausgabe: © Albert Müller Verlag, AG, Rüschlikon-Zürich, 1973. – Nachdruck, auch einzelner Teile, verboten. Alle Nebenrechte vom Verlag vorbehalten, insbesondere die Filmrechte, das Abdrucksrecht für Zeitungen und Zeitschriften, das Recht zur Gestaltung und Verbreitung von gekürzten Ausgaben und Lizenzausgaben, Hörspielen, Funk- und Fernsehsendungen sowie das Recht zur photo- und klangmechanischen Wiedergabe durch jedes bekannte, aber auch durch heute noch unbekannte Verfahren. – ISBN 3275005227. – 5/7-78. – Printed in Switzerland.

Inhalt

Anmerkung des Verlegers

Dieses Buch ist aus den sechs Fernsehfilmen mit dem Titel *VIOLIN* entstanden, die von *James Archibald and Associates* mit Yehudi Menuhin für die *Argo Record Company* hergestellt wurden. Die Filme, von denen jeder ungefähr 25 Minuten lang ist, wurden in der Musikschule Yehudi Menuhins mit einer kleinen Klasse von Kindern gedreht, die in bezug auf das technische Können auf verschiedenen Stufen standen. Jeder Film stellt eine Unterrichtsstunde dar, in der jeweils ein besonderes Gebiet der Geigentechnik behandelt wird. Da die Aufnahmen im Dokumentarstil gehalten sind, kann der Zuschauer einer Unterrichtsstunde von Yehudi Menuhin unmittelbar beiwohnen. Die Kapitel dieses Buches entsprechen den sechs Filmlektionen; zusätzliche Übungen und erläuternde Darstellungen erweitern und erklären den Stoff jeder Lektion. Anfragen betreffend den Kauf oder die Miete der Filme sind zu richten an: *Argo Record Company, 115 Fulham Road, London S.W.3., England*

Worte des Dankes

Viele Gedanken und Überlegungen in den folgenden sechs Kapiteln über die Grundlagen des Geigenspiels rühren maßgeblich von meiner im Jahre 1963 gegründeten Schule her. Dort ist das nutzbringende und wertvolle Wechselspiel zwischen Lehren und Lernen in den letzten Jahren für mich zu einem eigentlichen Lebensstil geworden.

Ich kann die Kinder, Lehrer und auch die unzähligen Quellen, die zum Entstehen meiner Anschauungen und meiner Einstellung beigetragen haben, nicht alle einzeln erwähnen; im Zusammenhang mit der hier veröffentlichten Methode muß ich jedoch insbesondere Peter und Margaret Norris meine Anerkennung und meinen Dank aussprechen. Peter hat mir bei den ersten Kapiteln außerordentlich geholfen. Margaret, eine ausgezeichnete Geigerin, die kaum älter als unsere größeren Kinder ist, hat während ihrer Aufsicht über die Schüler unsere wachsende Erfahrung und unser ständig größeres Wissen immer wieder neu geordnet und überprüft. Den Bleistift in der Hand, wenn ich unterrichtete, und mit dem Bogen, wenn sie selbst vorspielte, hat sie sich dieser Arbeit mit Hingabe und peinlich genauer Aufmerksamkeit gewidmet.

Dank schulde ich auch meinem guten Kollegen Roger Raphael, der die große Mühe auf sich nahm, das Manuskript durchzulesen, und wertvolle Anregungen dazu gab. Zudem hat er freundlicherweise in den Lektionen 2 und 4 einige Übungen beschrieben.

Ein letztes Wort des Dankes gilt dem Mann, den ich manchmal «meinen besten Geigenlehrer» nenne: B. K. S. Iyengar, meinem Yoga-Guru. Er ist natürlich kein Geiger, aber einige der Grundsätze, die ich entwickelt habe, beruhen auf Yoga und Iyengars Unterricht, und mehrere der Übungen in der ersten Lektion sind von ihm inspiriert.

Yehudi Menuhin

Meiner geliebten Diana, ohne deren Hilfe ich niemals
die Kraft und den Seelenfrieden für dieses Werk gefunden hätte,
und die weiß, was es heißt,
den Gatten mit dieser andern Geliebten, der Geige,
teilen zu müssen.

Einleitung

An den Leser – sei er nun Lehrer, Anfänger, fortgeschrittener Musikschüler oder Virtuose – möchte ich einige Worte über ein Instrument richten, das mir seit beinahe fünfzig Jahren innig vertraut ist – ein Instrument, das wohl zu den schönsten von Menschenhand je geschaffenen Kunsterzeugnissen zählt, dessen Behandlung aber auch so heikel und unberechenbar ist wie die keines anderen. Vielleicht ist es gerade diese Unergründlichkeit, die den Zauber der Geige noch erhöht; denn ist man nicht gewillt, Sklave zu werden und sich selbst freiwillig und rückhaltlos aufzugeben, wird sie sich rächen, ihre mannigfachen Stimmen nie ertönen lassen, ihre unendlichen Feinheiten nie zeigen, und man wird – ein entzückendes Musik-Möbelstück in der Hand – verärgert und lustlos dastehen.

Keine Geige gleicht der anderen; wie ein menschliches Wesen ist jede besonders und eigenartig, und jede spricht so verschieden auf den ihre Saiten berührenden Bogen an wie mehrere Menschen auf die Meinung eines einzelnen. Im Bezwingen dieser Eigenheiten, in der Fähigkeit, die zahllosen Abstufungen der Geigenstimmen vom zartesten Flüstern bis zum mächtigen Dröhnen erklingen zu lassen, liegt die Berufung zum Violinspiel. Denn der Geiger ist ganz auf sich selbst gestellt; niemand gibt ihm den Ton an, und kein Ohr außer seinem eigenen befiehlt ihm, wie er sein Instrument zu stimmen hat. Er ist Herr und Diener zugleich. Sobald sein Bogen die Saiten berührt, beginnt der herrliche Kampf, dessen Ausgang er als Herausforderer und Entgegnender allein bestimmt.

Gerade dieses wunderbare Verhältnis zwischen dem Geiger und seinem Instrument macht die Einmaligkeit der Violine (und der anderen mit ihr verwandten Saiteninstrumente) aus. Der Musiker muß sich dessen bewußt sein, wenn er an seine Aufgabe herangeht; denn so wird sie ihm nie lästig werden, mag er auch verzweifeln. Er wird sich auch dann nicht irregeführt und verloren vorkommen, wenn er – wie der Kapitän eines Schiffes – erkennt, wie unendlich weit der Horizont ist und wieviel Geduld und Ausdauer es braucht, bis das Ziel erreicht ist. Die Geige ist wahrlich die wichtigste Grundlage unserer Musikkultur, ohne die es weder Kammermusikensembles noch irgendein symphonisches Programm gäbe.

Es bedurfte jahrtausendelanger Forschungen und Verbesserungen, bis sich die Geige – ausgehend vom Prinzip, daß man eine straff gespannte Saite auf einem Hohlkörper vibrieren lassen kann – zu jenem Instrument entwickelt hat, das wir heute kennen. Die Geige und der Bogen stammen in der Tat vom Pfeil und Bogen her – von der Sehne, die man losläßt, um den Pfeil auszusenden, und die gerade noch hörbar, als *Pizzicato,* schwingt. Im Verlaufe der Zeit hat der Violinbogen eine andere Form erhalten und ist biegsamer geworden, mit Hunderten von borstigen Pferdehaaren bezogen, mit denen die Saiten aus ihrer gespannten Ruhelage heraus in Schwingungen versetzt werden – aber im wesentlichen ist er eine biegsame Holzstange geblieben. Der Geigenkörper hingegen hat sich aus einem ausgehöhlten Stück Holz entwickelt. Er ist nicht mehr biegsam wie der Bogen, kann aber Schwingungen einfangen, verstärken und verlängern. Die über den Resonanzkörper und den Geigenhals gespannten vier Saiten leiten die Schwingungen ein, die dann durch den Steg auf den ganzen Körper des Instruments übertragen werden.

Wie vielseitig die Violine als Musikinstrument ist, zeigt sich darin, daß wir unsere Geige, die in Italien im 17. Jahrhundert vervollkommnet wurde, auch in so fremden Kulturen wie zum Beispiel der indischen antreffen, wo sie sich mit Erfolg durchgesetzt hat. Dort kauert der Spieler auf dem Boden, preßt das Instrument an seine Rippen, der Geigenkopf zeigt diagonal nach unten und ruht auf einer Zehe. Auch bei den urwüchsigen nomadischen Zigeunervölkern ist die Geige zu Hause; dort entfaltet sie noch ganz andere Ausdruckskräfte – sie klingt wild, naturhaft und sehnsüchtig; von den Fiedlern auf der Hardanger Hochfläche in Norwegen bis zu jenen auf dem schottischen Hochland, von den städtisch gewordenen Juden des europäischen Rußland bis zu den wunderlichen Geigern in den Blauen Bergen von Carolina und bis hinüber nach Japan vermag die Geige jedem Stil zu folgen und jedes Bedürfnis zu erfüllen.

Betrachten wir nun die besonderen Schwierigkeiten, die uns die Beherrschung dieses Instruments bereitet, und die Anforderungen, die es an uns stellt. Weder für die Geige noch für den Spieler gibt es einen fixierten oder unbeweglichen Punkt – wenn man von den Teilen der Füße absieht, mit denen der Geiger den Boden berührt und auf denen er balanciert. Die Violine muß eins werden mit der fließenden Bewegung des ganzen Menschen und sichtbar auf seine wellenförmigen oder pendelnden oder kreisenden Schwingungen reagieren. Dieser Fluß darf bei keinem Körpergelenk und bei keinem Berührungspunkt zwischen Instrument und Bogen unterbrochen werden und wird in jeden Muskel und in jedes Fingergelenk geleitet, das so ausgebildet sein muß, daß es sich in alle Richtungen bewegen kann und jeden Bewegungsablauf zu kontrollieren vermag; der Geiger selbst muß sichtbar jener inneren Spannung folgen, die aus der Musik und aus seinen musikalischen Gedanken und Gefühlen heraus entsteht.

Anders als beim Spiel auf den meisten Musikinstrumenten oder bei sonst einer Beschäftigung (auch anders als bei der Art der Inder, Violine zu spielen), werden die Hände des Geigers, die außerordentlich beweglich, kräftig und elastisch sein müssen, beinahe immer auf Schulterhöhe gehalten – oberhalb des Herzens. Da sie ständig mit Blut versorgt werden müssen, ist es wichtig, daß das Herz gesund und stark ist und auch nicht unter irgendeinem Druck steht, der von einer inneren Unruhe oder Spannung herrührt. Die Blutzirkulation mit sich ständig verändernden Bewegungen und durch den steten Wechsel von Anstrengung und Entspannung hindurch aufrechtzuerhalten, die richtigen Reflexe zu üben und, bevor man zu spielen beginnt, sich jedesmal anzuwärmen und einzuspielen – all diese Aufgaben sind beim Geigenspiel von größter Bedeutung.

Die Sorgfalt und Genauigkeit, das blitzschnelle Anpassen der Tonhöhe, des Klangs und des Strichs, und das Umsetzen der geringsten unsichtbaren «inneren» Regung in den weiten Bogen eines Golfschwungs verlangen eine Meisterschaft, die beinahe keinen freien Spielraum mehr gewährt. Überdies gilt es, das zu spielende Musikwerk intellektuell und «gefühlsmäßig» zu erfassen; wenn dann noch Begabung und Inspiration hinzukommen, gelingt schließlich ein gutes Konzert.

Habe ich übertrieben und das Meistern eines so eigenwilligen, unendlich empfindlichen Instruments unverhältnismäßig schwierig wie etwa einer «Widerspenstigen Zähmung» geschildert? Ich hoffe es nicht, denn obgleich der Beruf des Geigers große Anforderungen stellt, ist gutes Violinspiel keineswegs ein Ding der Unmöglichkeit, und es kann große, tiefe Befriedigung geben, es zu lernen und zu lehren.

Damit man sich auf diese Aufgabe richtig vorbereiten kann, halte ich es für notwendig, sich nicht nur auf das eigentliche Violinspiel zu konzentrieren, sondern ebensosehr auf eine bestimmte Geisteshaltung und Herzensbildung zu achten sowie auf hygienische Gewohnheiten und die allgemeine körperliche Verfassung, um so das Spiel möglichst wenig zu belasten. Auch über die moralische Haltung möchte ich einige Worte sagen. Ich sehe darin eine Art Brücke zwischen der Vergangenheit und der Zukunft, zwischen dem Menschen und seiner Umwelt. Bei der Arbeit setzen wir unsere Kraft ein und festigen unser Gedächtnis um den Lohn der künftigen Aufführung eines Werkes. Je gewissenhafter, größer und hingebungsvoller die Mühe, desto höher wird der Lohn sein. Im Ausgleich zwischen uns und der Gesamtwelt empfangen wir ebensoviel Inspiration von der Musik und von den Zuhörern wie wir selbst ausstrahlen. Diese Auffassung eines persönlichen Haushalts gilt für das Leben im allgemeinen; sie zeigt, welche Bedeutung dem Gewissen, der Vorbildlichkeit, der Rechtschaffenheit und der Ehrbarkeit zukommt. Wenn wir mit der Geige arbeiten, sind wir allein; doch all das, was in diesen Stunden der Einsamkeit geschieht, ist für das spätere Geschehen auf dem Podium vor den Zuhörern entscheidend.

Sogar das nüchterne Wort «Hygiene» ist im Zusammenhang mit dem Geigenspiel angebracht, denn die Gesundheit ist ein wichtiger Faktor. Reinlichkeit, Anregung der Zirkulation durch Wechselbäder, Abreiben der Haut mit einem rauhen Lappen, gewisse Sportübungen und andere mit dem Ruhezustand abwechselnde Betätigungen – all dies trägt zum Aufbau der Muskeln und zur Verbesserung der Zirkulation bei. Diese Grundsätze sollte man beherzigen. Das Geigenspiel erfordert unendlich viel Feingefühl, aber auch große Widerstandskraft und Stärke. Es ist empfehlenswert, zu schwimmen, sogar Tennis spielen ist erlaubt, vorausgesetzt, daß man danach durch völliges Entspannen die für das Violinspiel nötige Empfindungsfähigkeit wiedererlangt, und – dies ist jedoch eine so persönliche und individuelle Reaktion, daß es kein Gesetz dafür gibt – daß die sportlichen Übungen den Geiger seinem künstlerischen Wesen weder geistig noch körperlich entfremden.

Eine ebenfalls wichtige Rolle spielt zweifellos die Ernährung. Da jeder Mensch einen anderen Stoffwechsel und eine andere körperliche Veranlagung hat, muß es dem einzelnen Individuum überlassen werden, seine Nahrung zu bestimmen.

Ich empfehle aber eine gemischte Nahrung mit viel rohem Obst, Gemüse und wenig gebratenen Speisen. Gerichte, die weißes Mehl und weißen Zucker enthalten, sollte man vermeiden, besonders auch synthetische Süßstoffe. Diese heimtückischen Aufputschmittel entziehen genau wie Zigaretten und Alkohol dem Körper in erhöhtem Maße wieder, was sie ihm gegeben haben. Man sollte auch nie zuviel essen, besonders nicht vor dem Spielen.

Das ideale Alter, mit dem Violinspiel zu beginnen, liegt – wie es in Rußland und seit kurzem auch in Japan üblich ist – zwischen drei und vier Jahren. Zwei Lektionen pro Woche genügen, das Instrument bleibt beim Lehrer. In diesem Alter lernt das Kind, wie jedes flügge werdende Wesen, dadurch, daß es Beispiele nachahmt und ihm Unbekanntes kennenlernen will. Ein acht- oder neunjähriges Kind dagegen vermag nach meiner Erfahrung die mechanischen Aspekte des Violinspiels und Erklärungen schon richtig zu erfassen.

Die folgenden Texte, welche die sechs Filme ergänzen, sind sowohl für den Gebrauch des Lehrers als auch für fortgeschrittene Musikstudenten bestimmt. Die Filme werden dem Lehrer helfen, sogar die Allerjüngsten anzuspornen und seinen Schülern die wesentlichen Punkte zu veranschaulichen. Der Text und die Abbildungen haben den Zweck, meine ganze Theorie und Lehrmethode zu untermauern und zu zeigen, wie sie angewendet wird.

Zudem will dieses Buch zusätzliche Übungen bringen und jeden der einzelnen Schritte genauestens überprüfen – was angesichts der beschränkten Zeit in den Filmen nicht möglich war. Schließlich möchte ich hier auch all das darlegen, was ich seit der Zeit, da die Filme gedreht wurden, verfeinert, verbessert und neu entwickelt habe.

Obschon dieses Buch in sechs Lektionen eingeteilt ist, soll es der Lehrer oder der Musikstudent nicht nacheinander Seite um Seite durcharbeiten. Die Übungen der Lektion 1 sollten den andern täglich vorausgenommen werden, und die Übungen in den Lektionen 2 und 3 sind so lange jeden Tag ein wenig durchzunehmen, bis man die Grundelemente beherrscht. Die schwierigeren Übungen in den Lektionen 4 und 5 sind ebenfalls zusammen zu spielen, wobei die Lektionen 2 und 3 öfters wiederholt werden müssen, um die Grundbegriffe aufzufrischen. Lektion 6 kann allein geübt werden, da sie alle anderen Lektionen einbezieht. Schließlich bietet Anhang 1 einige Ratschläge für das Üben sowie eine Reihe täglicher Übungen für den fortgeschrittenen Geiger.

Manchmal scheinen die Analysen und Übungen vielleicht zu einseitig auf die winzigen Bewegungen einzelner Fingerteile ausgerichtet zu sein, auf das Gefühl, das sie gleichsam zu Antennen werden läßt. Mein Ziel ist es jedoch, für die feinsten Bewegungen äußerste Empfindsamkeit zu entwickeln und den Lehrer dazu anzuleiten, diese Empfindsamkeit im Schüler zu wecken.

Es wäre aber falsch, wenn man es beim Violinspiel dabei bewenden ließe; die Technik ist bloß das Mittel, ohne das man die eigene musikalische Auffassung – und sei sie noch so klar – niemals in Farbe und Spontaneität umsetzen und ausdrücken kann. Die Bewegungen, die ich zu Anfang sorgfältig gegliedert habe, gehen nach und nach ineinander über und werden schließlich so miteinander verschmolzen, daß eine Analyse nicht mehr möglich ist (was von einer gewissen technischen Fertigkeit an ohnehin nutzlos wäre) und sich zudem einige der umsichtig ausgearbeiteten Lehrsätze unweigerlich widersprechen. Dieser Vorgang, ähnlich der Verdauung, hängt weitgehend von der körperlichen Verfassung jedes Geigers ab. Deshalb muß der Lehrer – wie ein guter Arzt – die Übungen zu dosieren verstehen und sie den körperlichen, seelischen und emotionalen Eigenschaften seines Schülers anpassen.

Der Geiger ist mit seiner Arbeit nie zu Ende, doch nachdem ich mich seit rund fünfzig Jahren mit diesem Instrument beschäftigt habe, halte ich die Zeit für gekommen, die Methode, die ich entwickelt habe, recht und schlecht in Worte zu fassen. In diesem Buch habe ich versucht, die technischen Mittel zu behandeln, die ich als wesentlich für das Geigenspiel erkannt habe. Ich hoffe, daß die kommenden Seiten Gewinn und Nutzen bringen, zum Geigenstudium anregen und anderen Menschen dabei helfen, die Freude und Befriedigung, welche die Geige mir brachte, ebenfalls zu erleben.

13

Lektion 1
Allgemeine Vorübungen

Meine für die Technik des Violinspiels ausgearbeitete Methode beruht auf einer Wellenbewegung und einem Pulsschlag, der mit entgegengesetzten Impulsen und Richtungen jeder beliebigen fortlaufenden Bewegung übereinstimmt. Die Bewegungen werden als Ellipsen, Kreise und Bogen beschrieben, die alle grundlegend sind. Ein weiteres entscheidendes Merkmal meiner Methode ist die Erhaltung von Energie als Schwungkraft. Die Methode ist wirklich ganz einfach, und ich hoffe, daß diese Einfachheit auch bei gründlicher Arbeit an schwierigen Bewegungen spürbar bleibt.

Ich gehe in mehreren Stufen vor. Zuerst die Gliederung und Ausbildung der Finger- und Gliedertätigkeit; jede Richtung stellt besondere Anforderungen an den Spieler. So müssen wir in der vertikalen Richtung der Schwere entgegenarbeiten und in der horizontalen Richtung den steten Fluß der Bewegung bewahren; in der lateralen gilt es, die Schwung- oder Pendelbewegung beizubehalten – entweder so wie beim Metronom, wo der Drehpunkt am unteren Ende des Stabes liegt, oder wie bei der Pendeluhr, wo er sich oben befindet.

Nachdem wir das Gefühl für die Bewegungen auf diesen drei Ebenen entwickelt haben, verbinden wir sie miteinander, so daß sie sich sozusagen durchdringen. Es gibt beim Geigenspiel keine Bewegung, in die nicht etwas von den andern Bewegungen einbezogen wäre, und sei es auch nur die passive Bereitschaft, sich in eine der anderen Richtungen zu bewegen.

Die Wellenbewegung gleicht nicht nur entgegengesetzte Kräfte durch Ebbe und Flut aus, sondern enthält auch den Wechsel vom aktiven Impuls zum passiven Ausschwingen, von der Spannung zur Entspannung. Innerhalb eines jeden Bewegungszyklus gibt es einen Moment der geringsten Leistung und einen Punkt des völligen Ausgleichs, den ich den «Nullpunkt» nennen möchte.

Die technische Ausbildung der linken und der rechten Hand vollzieht sich in drei Stufen. Auf der ersten erhält jedes Gelenk die vollständige Weichheit der Gelenke eines Babys. Auf der zweiten Stufe wird die Zusammenarbeit weicher Bewegungen sowie Elastizität und Geschmeidigkeit beim Strecken und Zusammenziehen entwickelt. Die dritte und letzte Stufe gilt der Kraft, der Festigkeit und der Freiheit.

Diese Stufen können in keiner anderen Reihenfolge behandelt werden. Geht zum Beispiel die Festigkeit der Elastizität voraus, sind steife Gelenke die Folge, wenn hingegen Elastizität dem Gefühl von Weichheit und Passivität zuvorkommt, bleibt unter Umständen ein Rest von Spannung zurück. Der Geiger muß, wann immer er sein Instrument zur Hand nimmt, stets in der richtigen Reihenfolge dieser drei Stufen arbeiten.

Für das Violinspiel ist gute Körperhaltung eine wesentliche Voraussetzung. Man muß vor allem herausfinden, welches die natürlichste Stellung ist, in der man beim Spielen die verschiedenen Bewegungen bequem ausführen kann.

Körperhaltung scheint an sich statisch zu sein. Das ist aber keineswegs der Fall; denn sie ist nicht nur das Resultat eines ständigen Ausgleichs einander entgegengesetzter Kräfte, sondern ist gleichzeitig von Puls und Rhythmus erfüllt – dem Puls unseres Herzens und dem Rhythmus unserer Atmung. Ich möchte meine Ausführungen zur Geigentechnik mit einigen Worten über das Atmen beginnen.

Das Atmen

Das Leben beginnt mit dem Atmen. Für alles, was wir tun, und auch für jede künstlerische musikalische Tätigkeit ist das Atmen von derart elementarer Bedeutung, daß wir uns dessen beim Üben unbedingt bewußt werden müssen. Man soll leicht und ungezwungen atmen und auch während der schwierigsten Bewegungen beim Violinspiel ruhig weiteratmen können. Ein gewisser Grad von Training und große Anpassungsfähigkeit sind nötig, um dies zu erreichen. Über die Koordination werden wir in den folgenden Lektionen sprechen. An dieser Stelle möchte ich das richtige Atmen erklären und dafür einige Grundübungen angeben.

Um richtig zu atmen, muß man gleichmäßig ein- und ausatmen können; das heißt, gleichviel Zeit zum Einatmen wie zum Ausatmen verwenden. Das Ein- und Ausatmen sollte möglichst lange dauern. Manche Inder haben diese Fähigkeit derart entwickelt, daß sie vier Minuten lang ein- und vier Minuten lang ausatmen können. Soviel ich weiß, gibt es Perlenfischer, die ihren Atem mindestens ebensolang anhalten können; aber dies ist nicht unser Ziel. Beim Violinspiel müssen wir gleichmäßig atmen und dürfen den Atem niemals anhalten (obwohl es als Übung nicht schadet, den Atem vorsichtig und ungezwungen anzuhalten).

Es empfiehlt sich vielleicht, mit der folgenden Übung zu beginnen: Man setzt sich auf den Fußboden, schlägt die Beine übereinander und legt die Hände mit den Handflächen nach oben auf die Knie. Der Rücken ist gerade, der Hals und die Schultern bleiben locker, die Brust frei und hochgehalten. In dieser Stellung beginnt man ruhig zu atmen. Es ist empfehlenswert, die Sekunden, die man für jedes Ein- und Ausatmen benötigt, mit der Uhr zu zählen. Nun versucht man, die Dauer zu verlängern, ohne außer Atem zu geraten.

Eine weitere Übung, welche die Kontrolle der Lungentätigkeit verbessert, besteht darin, daß man die rechte Hand auf die Nase legt und das rechte Nasenloch mit der Daumenspitze, das linke mit der Spitze des Ringfingers zuhält (Abb. 1). Jetzt läßt man das linke Nasenloch so weit frei, bis ganz wenig Luft eindringt. a) durch das linke Nasenloch atmet man ein; b) durch das rechte Nasenloch atmet man aus, indem man den Daumen ein bißchen lockert und gleichzeitig mit dem Ringfinger das linke Nasenloch schließt – jetzt ganz ausatmen; c) durch das rechte Nasenloch einatmen und d) durch das linke Nasenloch ausatmen.

Der Erfolg dieser Übung hängt davon ab, wie lange man für jedes Ein- und Ausatmen braucht, wie eng die Nasenöffnung ist, durch welche die Luft eindringt, und wie ruhig man einatmet. Wenn man 45 Sekunden lang ein- und 45 Sekunden lang ausatmen kann und dies zehnmal zu wiederholen vermag, dann beherrscht man seinen Atem.

Abb. 1

Körperhaltung und Streckübungen

Zu den größten Schwierigkeiten des Geigenspiels gehört schon das *Halten* des Instruments in der Spielstellung, das unsere Bewegungsfreiheit behindern und eine unnatürliche Körperhaltung bewirken kann. Allzuoft erzwingt sich dann der Spieler einen Weg durch diese Schwierigkeit, indem er sich einfach für eine scheinbare, aber nicht echte Freiheit entscheidet. Die Geige ist jedoch nicht bloß dazu da, gehalten zu werden – man muß auch auf ihr spielen können. In der Fähigkeit, ständig Bewegungen auszugleichen, liegt das Geheimnis des Violinspiels.

Die Vorübungen in dieser Lektion werden ohne Instrument gemacht; wenn wir dann die Geige oder den Bogen zum erstenmal zur Hand nehmen, haben wir mit der Freiheit der Bewegung eine gewisse Erfahrung gewonnen, und diese Freiheit beim Violinspiel ist unser Ziel.

Die folgenden Übungen sollten barfuß gemacht werden.

Eine gute Körperhaltung beginnt damit, daß wir uns von den Zehen über die Wirbelsäule bis zum Scheitel hochstrecken, wobei unsere Muskeln der natürlichen Neigung der Gelenke, der Schwerkraft nachzugeben, entgegenwirken. Diese aufrechte Haltung ist sowohl beim Violinspiel ein Zeichen guter Kondition wie auch ein Hinweis auf Vitalität und Gesundheit ganz allgemein.

Bei der Beschreibung dieser größten vertikalen Streckung beginnen wir bei den Füßen (Abb. 2). Das Gewicht des Geigers soll mehr auf den Fußballen als auf den Fersen liegen. Bei dieser Gewichtsverlagerung nach vorn ist er unbehinderter und beweglicher und daher in günstiger Spielstellung. Der Fußrücken wird durch leichtes Auswärtsrollen der Füße gehoben, wobei die Zehen locker bleiben (1). Der Fußrücken sollte in dieser erhöhten Position bleiben, wenn die Füße durch einen Einwärtsdruck der Knöchel wieder in ihre normale Stellung gebracht werden (2). Die Knie werden nach hinten gedrückt (3), wobei die Schenkel einander nach wie vor nicht berühren, das Gesäß wird angespannt und nach vorn geschoben (4). Der Bauch wird eingezogen und das Kreuz zurückgenommen (5). Die Brust wird schräg hinaufgeschoben (6), der Kopf hochgenommen und nach hinten gezogen, wodurch sich der Hals verlängert (7). Nur die Schultern, die ihre horizontale Breite beibehalten, werden locker fallen gelassen. Die Arme, Hände und Finger baumeln lose beinahe parallel zur Wirbelsäule. Der Körper streckt sich so, als wollte man mit dem Kopf die Decke berühren und mit den Zehen, Fußballen und Fersen den Fußboden wegstoßen (8). Diese Übungen gegen die Schwerkraft sollten mit einmaligem Einatmen gemacht werden; falls die Atemtechnik dazu noch nicht ausreicht und die verschiedenen Haltungskorrekturen noch zuviel Zeit erfordern, können sie anfänglich auch mit mehreren Atemzügen durchgeführt werden.

Beim Einatmen wird die Brust am weitesten ausgedehnt. Man sollte aber beim Ausatmen die Brust nicht sinken lassen,

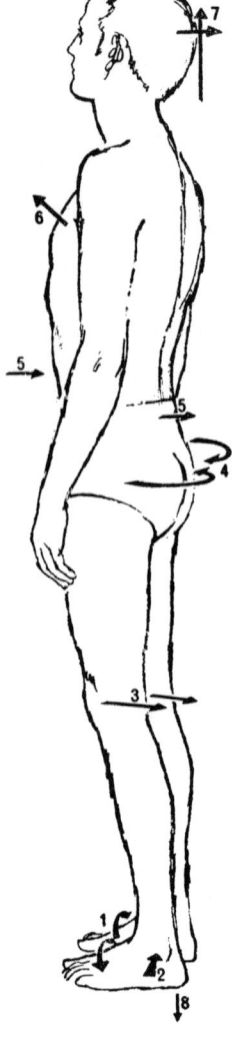

Abb. 2

denn dank dem gedehnten Brustkasten können wir den Rücken und die Schultern entspannen und ihnen erlauben, sich mühelos vorwärts und rückwärts zu bewegen wie die rechte Schulter bei manchen Ab- und Aufstrichen.

Nachdem wir in dieser strammen Stellung einige Sekunden lang verblieben sind, machen wir genau das Gegenteil und lassen den Körper zusammensinken und hinplumpsen. Zwischen der aufrechten und der entspannten Haltung wechseln wir mehrmals ab. Damit erarbeitet man sich das Gefühl für die verschiedenen entgegengesetzten Muskeltätigkeiten, wie sie Abbildung 2 zeigt. Mit der Zeit sind wir imstande, bei aufrechter Haltung die Muskeln bis zu einem gewissen Grad zu entspannen, ohne die korrekte Standstellung zu verlieren. Der richtige Muskeltonus wird es uns ermöglichen, diese Haltung ohne Anstrengung beizubehalten.

Vorbereitende Grundstellungen

Die erste Stellung könnte man als Gebetsstellung des Muselmanen bezeichnen. Die Beine liegen zusammengefaltet unter dem Rumpf, das Gesäß ruht auf den Fersen; die Unterarme berühren mit den Ellbogen die Knie, und die Stirn liegt auf dem Boden (Abb. 3). In dieser Stellung ist der Körper wie eine Sprungfeder in Bereitschaft – im Gegensatz zur «Totenlage», in der man, ausgestreckt auf dem Rücken liegend, «abgelaufen» ist wie eine Uhr. Nun schiebt man die Schultern hinunter und vorwärts, wölbt den Rücken und rollt dann, ohne die Schienbeine und Unterarme vom Boden wegzunehmen, auf dem Kopf nach vorn und streckt dabei den Nacken.

Nun erhebt man sich in eine aufrechte, kniende Stellung mit geradem Rücken und läßt die Arme an den Seiten herunterhängen. Jetzt zieht man den Kopf und die Schultern nach hinten, macht einen hohlen Rücken und schiebt die Brust nach vorn, während man die Fersen mit den Händen hält.

Abb. 3

19

Nach diesen beiden einander ergänzenden Grundübungen sind wir für die kommenden Stellungen bereit, die von den Füßen getragen werden.

Eine Reihe von Streckübungen

Man beginnt in der Hockestellung; der Körper ist locker, der Kopf hängt nach vorn, und die Handrücken sind auf dem Fußboden (Abb. 4). Wir nehmen uns Zeit, unseren ganzen Körper zu spüren, indem wir die einzelnen Muskeln strecken: zuerst die Schulterblätter allein, dann die Wirbelsäule; wir spüren die inneren Fußgewölbe, die Daumen und die Finger. Wir versuchen, die Hände nach innen zu drehen, so daß die Handflächen und die gestreckten Finger flach auf den Boden zu liegen kommen. Von Zeit zu Zeit nimmt man die Fußsohlen in die Hände und streckt den Rücken noch mehr durch. Nach einigen tiefen Atemzügen atmet man aus, streckt die Beine steif aus, läßt aber den Kopf weiterhin nach vorn hängen und berührt mit den Händen immer noch den Boden. Jetzt verschränkt man die Finger im Nacken und zieht den Kopf nach unten (Abb. 5). Man läßt die Hände fallen, atmet einige Male durch und nimmt während des Einatmens wieder die aufrechte Stellung ein.
Man atmet aus und kontrolliert seine Haltung (siehe Abb. 2). Die Füße sollten parallel stehen, die Fußgewölbe spürbar sein; die Knie sind durchgedrückt, der Bauch ist eingezogen, der Rücken gerade (das hohle Kreuz ist bei Geigern ein häufiger Haltungsfehler), und der Kopf wird hochgehalten. Wichtig ist, daß die Schultern weder nach hinten gezogen noch hinuntergedrückt werden; man läßt sie locker hängen. Während man wieder einatmet, hebt man die Arme horizontal nach vorn auf, und beim Ausatmen streckt man sie von den Schultern und Schulterblättern aus nach vorn. Während des nächsten Einatmens hebt man die Arme ausgestreckt über den Kopf und geht dabei auf die Zehenspitzen. Jetzt ausatmen und die Handflächen zusammenlegen (Abb. 6). Man preßt die Hände fest zusammen, neigt den Kopf nach hinten und versucht nun, die Ellbogen zusammenzubringen. Einatmen und die Arme in einem Winkel von 45° seitwärts ausstrecken. Wieder ausatmen und die Arme in die Schulterblätter zurückfallen lassen. Diese Bewegung des Ausstreckens und Zurückfallens in die Schulterblätter wiederholt man mehrere Male. Als nächstes dreht man die Ellbogen mit seitlich waagrecht ausgestreckten Armen. Die Handflächen bleiben immer noch nach unten gerichtet, während die Arme in den Schulterpfannen gedreht werden; die Handflächen und die Finger werden dabei gestreckt (Abb. 7a und b). Dann verbindet man diese Bewegung mit dem Vorwärtsstrecken und -rollen der Schultern, ab-

Abb. 4

Abb. 5

Abb. 6

wechselnd mit jedem Arm, wobei man den Kopf in die Richtung des ausgestreckten Arms dreht, während sich der andere Arm, horizontal gehalten, entspannt; nun macht man mit dem Kopf eine ergänzende Bewegung, in der er sich von jedem gestreckten und drehenden Arm wegwendet (Abb. 8a und b). Als nächstes rollt man beide Arme und Schultern, Kreise beschreibend, gleichzeitig nach vorn. Jetzt zieht man den Kopf nach hinten, wenn sich die Schultern nach vorn bewegen, und schiebt ihn nach vorn, wenn sie zurückgehen.

Abb. 7a

Abb. 7b

Abb. 8a

Abb. 8b

Bei allen diesen Übungen dürfen sich die Hände nicht mit den Armen mitdrehen; die Handflächen bleiben abwärts gerichtet, und bei der größten Armdrehung sind die Finger am weitesten auseinandergestreckt.

Weitere Kopfübungen

1. Man dreht den Kopf von einer Seite zur andern und streckt dabei den Hals. Wenn der Kopf nach rechts gedreht wird, kann man mit der rechten Hand nachhelfen, indem man den Nacken schräg nach rechts zieht. Dreht man den Kopf nach links, so hilft man mit der linken Hand nach.
2. Man kippt den Kopf mehrmals nach hinten und nach vorn.
3. Man hält den Kopf ganz gerade und stößt ihn vom Hals aus vor- und rückwärts – wie ein Huhn.
4. Man beschreibt mit dem Kopf ganze Kreise im Uhrzeigersinn und umgekehrt.

Gleichgewichts(Storch)-Übungen

Man steht auf dem linken Fuß, nimmt das rechte Fußgelenk mit der rechten Hand und zieht das Bein in gebeugte Stellung hoch (Abb. 9). Nun streckt man den Arm, zieht damit den Fuß an den Oberschenkel und streckt den linken Arm in die Horizontale. Man kontrolliert seine Haltung, stellt sich auf die linken Zehenspitzen und verbleibt in dieser Stellung, während man zwei- bis dreimal ein- und ausatmet. Man wird merken, daß sich der Körper nach links neigt, um sich im Gleichgewicht zu halten. Dieselbe Übung machen wir auf dem rechten Fuß stehend.
Jetzt halten wir mit der linken Hand den Rist des linken Fußes (Abb. 10). Den rechten Arm strecken wir horizontal aus und stoßen das linke Bein hinaus und wieder zurück; dabei wird die Schulter nicht nur hinunter-, sondern auch nach hinten geschoben. Dieselbe Übung machen wir darauf auf dem linken Fuß stehend.
Nun stehen wir wieder auf dem rechten Fuß, halten die linken Zehen mit den Fingern der linken Hand und strecken das Bein horizontal nach vorn (Abb. 11). Dadurch wird die linke Schulter nach vorn geschoben. Dann machen wir dieselbe Übung auf dem linken Fuß stehend.
Wir halten, auf dem linken Fuß stehend, die rechten Zehen mit den Fingern der rechten Hand; wir ziehen das rechte Bein aufwärts, indem wir das Knie gegen den

Abb. 9

Abb. 10

Abb. 11

Bauch beugen und strecken den rechten Arm abwechselnd an jede Seite des gebeugten Beins. Wir machen dieselbe Übung auf dem rechten Fuß stehend.

Nun versuchen wir diese Übung nochmals. Wir stehen auf dem linken Fuß, halten aber die rechten Zehen mit der linken Hand, so daß der rechte Fuß vor dem linken Bein durchgezogen wird. Diese Übung machen wir dann auch auf dem rechten Fuß stehend.

Anschließend versuchen wir, die früheren Übungen ebenfalls auf diese Art zu machen, indem wir den rechten Fuß mit der linken Hand halten und umgekehrt. Mit der Zeit gelingt es, diese Übungen in einer ununterbrochenen Bewegung zu machen und fließend von einer zur anderen überzugehen.

Für das Violinspiel grundlegende Schwungübungen

Wir sollten von allem Anfang an bereit sein, mit dem ganzen Körper am Violinspiel teilzunehmen – sei es mit einem beginnenden Impuls – sei es mit dem harmonischen Reagieren auf jene allerfeinsten, unsichtbaren Bewegungen, welche das Echo auf die Vibrationen der Geige und des Bogens sind.

Die nächsten Übungen werden uns den Empfindungen beim Geigenspiel zwar näherbringen, zu ihrer vollen Anwendung auf der Geige werden wir allerdings erst in einem späteren Stadium kommen – in den Lektionen 4, 5 und 6.

Die Bereitschaft des Körpers zum Mitschwingen sollte zur Gewohnheit werden. Beim Spielen wird man natürlich keine so ausgeprägten Bewegungen machen wie in diesen Übungen, obwohl manche Bogenstriche einen weiten Körperschwung erfordern.

Bis jetzt haben wir die Füße beisammen gehalten, aber beim Geigenspiel sollen sie so weit auseinanderstehen, daß sie eine feste und doch nachgiebige Gleichgewichtsbasis bilden, andererseits sollten sie so nahe beisammen sein, daß wir das Gewicht leicht von einem Bein auf das andere verlagern können. Der Abstand zwischen den leicht auswärts gerichteten Füßen beträgt daher gewöhnlich ungefähr 30 cm; wie groß er genau ist, hängt aber vom Körperbau und von der Beinlänge des Geigers ab.

Auf dieser breiteren Basis verteilen wir das Gewicht gleichmäßig auf beide Beine und üben auch, es von einem Bein auf das andere zu verlagern. Darauf drehen wir den Körper erst zur einen und dann zur andern Seite, wobei wir die Arme baumeln und bei jeder Drehung lose hinausfliegen lassen, wir wechseln am Ende jeder Drehung mit dem Gewicht auf dem entgegengesetzten Fuß. Die dadurch entstehende Schwungkraft treibt uns jeweils in die Gegenrichtung.

Nun kommen wir zu den koordinierten Kreisbewegungen mit den Armen, die – wie ich hoffe – zu gutem Violinspiel führen werden. Wir beginnen in der natürlichsten und bequemsten Stellung, das heißt, wir lassen die Arme locker hängen.

Den Oberkörper beugen wir von der Taille an nach vorn, so daß die Fingerspitzen den Boden berühren, die Beine gestreckt bleiben und der Kopf nach unten hängt. Wir verlagern nun das Gewicht sachte von einem Fuß auf den andern, beginnen mit dem Körper sanft zu schwingen und damit die Arme so in Bewegung zu setzen, daß die Finger auf der Erde Kreise beschreiben (die Kreise laufen in entgegengesetzten Richtungen, mit denen man abwechselt). Wir behalten die Schwungbewegung, die den ganzen Körper mitnimmt, bei und richten uns allmählich auf, bis wir die Arme

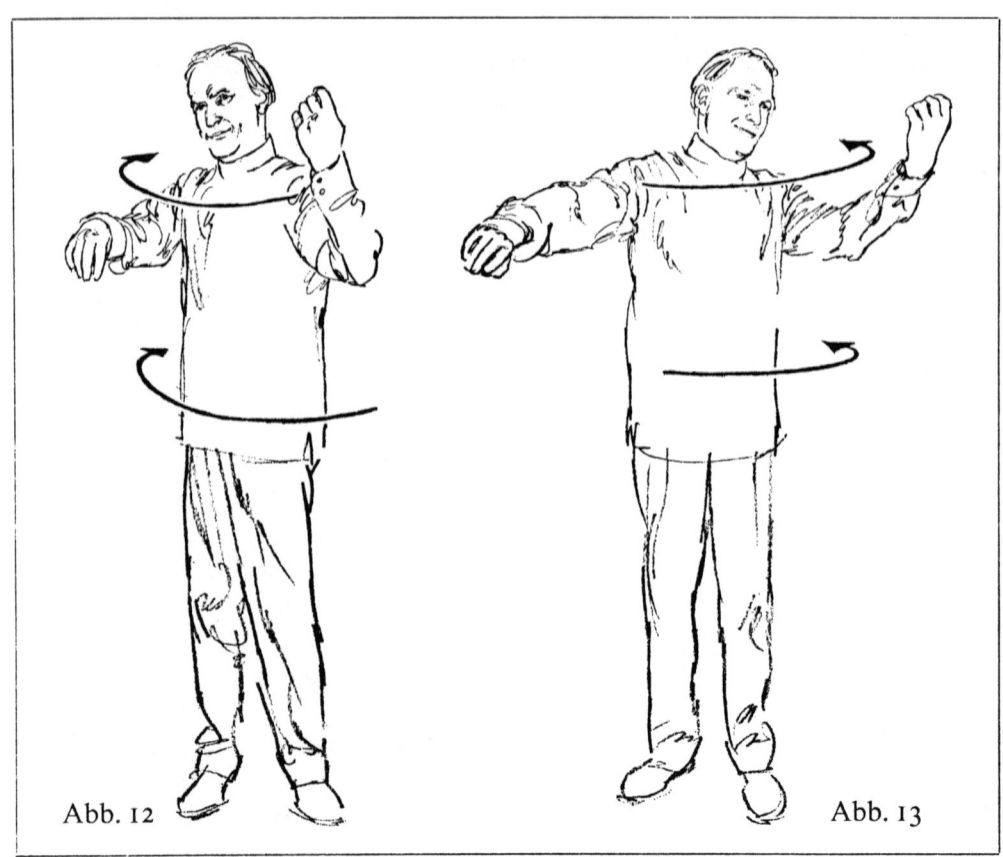

Abb. 12   Abb. 13

in Spielstellung gebracht haben. Die Handgelenke und Finger sollen so weich bleiben, daß sie die Wellenbewegung der Arme mitmachen. Der Hals bleibt ebenfalls locker, damit der Kopf mit dem Körperschwung mitrollen kann (Abb. 12 und 13).

Die nächste Übung ist für Schultern und Rückenmuskeln bestimmt; sie hängt mit der vorherigen Übung nicht zusammen. Wir strecken die Arme parallel zum Fußboden seitwärts aus, ohne die Schultern zu heben, und lassen die Unterarme vom Ellbogen aus hinunterfallen. Damit sie wirklich senkrecht nach unten hängen, müssen die Schultern nach vorn rollen. Den rechten Winkel zwischen Unter- und Oberarm behalten wir bei und schwingen die Unterarme aus der vertikal hängenden in die vertikal aufrechte Stellung (Abb. 14 und 15). Wir wiederholen die Bewegung mehrmals.

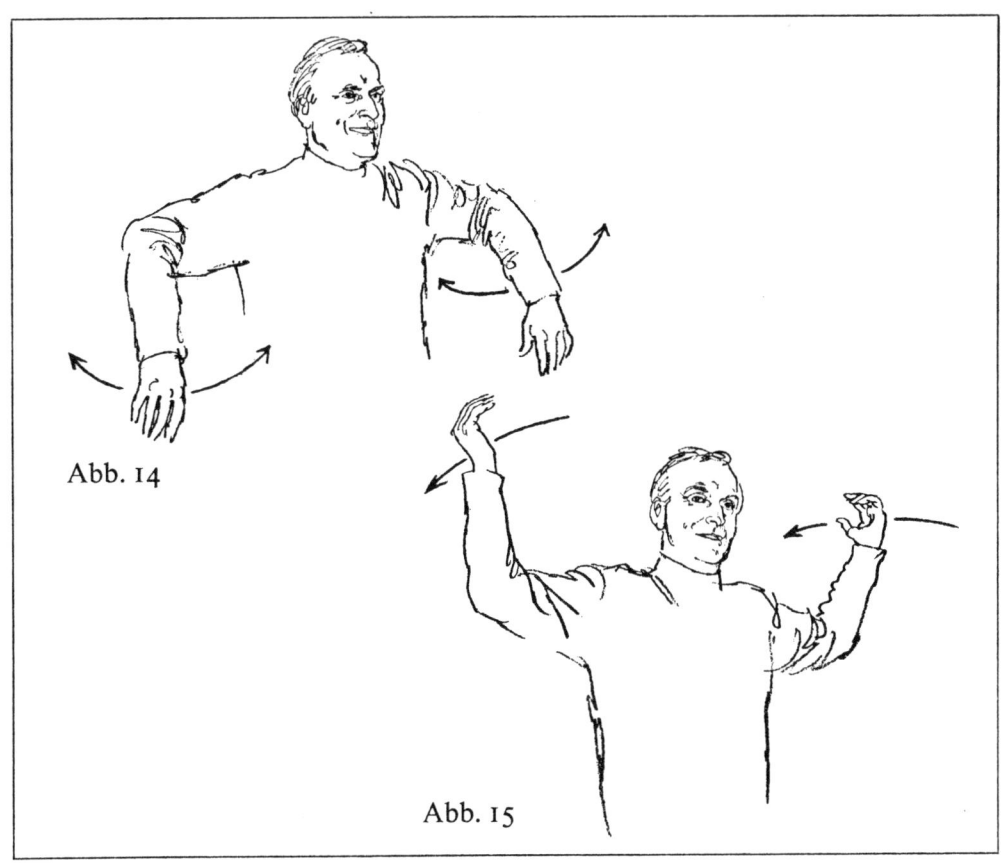

Abb. 14

Abb. 15

Wir bringen den linken Arm in Spielstellung, den Unterarm in einen Winkel von ungefähr 45° zum Körper, das Handgelenk bleibt ganz locker. Indem wir den Ellbogen von einer Seite zur andern und den Unterarm vor- und rückwärtsschwingen, beschreiben wir mit der linken Hand einen Kreis auf horizontaler Ebene. Jetzt bringen wir den rechten Arm in die gleiche Stellung und beschreiben mit beiden Händen gleichzeitig Kreise – zuerst im Uhrzeigersinn, dann in umgekehrter Richtung. Nun bringen wir den rechten Arm in seine eigene Spielstellung, die Handflächen nach unten, und machen Kreisbewegungen mit jeder Hand in entgegengesetzter Richtung. In dieser Stellung beschreibt die rechte Hand auf beinahe horizontaler Ebene Ellipsen gegen den Uhrzeigersinn; die linke Hand kreist im Uhrzeigersinn, während der Unterarm im Ellbogengelenk dreht und schwingt.

Wir stehen auf den Zehen, strecken die Arme hoch über den Kopf, drehen die Handflächen nach außen und schwingen beide Arme vor- und rückwärts. Bei jedem Rückwärtsschwung strecken wir die Knie durch, machen gleichzeitig den Rücken hohl und nehmen die Schulterblätter und den Kopf nach hinten.

Wir wollen versuchen, die verschiedenen Geschwindigkeiten dieser ungezwungenen, natürlichen Armschwünge entsprechend der längeren oder kürzeren Entfernung zwischen der Hand und der Schulter zu spüren. Dabei stellen wir fest, daß jeder der Schwünge sein eigenes natürliches Tempo hat, sofern er völlig locker ausgeführt wird. Solange wir dies nicht spüren, bleibt in Schulter und Arm noch ein Rest von Spannung zurück, oder man wird sich bewußt bewegen.

Jetzt möchte ich das Prinzip des *Antriebs* und der *Schwungkraft* erklären. In jeder Ellipse und in jeder ganz- oder teilweise vertikal verlaufenden Kreisbewegung gibt es einen Punkt, wo die Geschwindigkeit am größten ist – den Augenblick der größten Bewegungsenergie, des größten Antriebs. Dieser wird auf natürliche Weise erreicht, wenn man sich dem tiefsten Punkt nähert, er kann aber künstlich an jedem beliebigen Punkt der ganzen Kreislinie herbeigeführt werden.

Beim Violinspiel müssen wir bei jeder wiederholten Bewegung diesen Augenblick des größten Antriebs erkennen – er kann dem Moment der größten Schnelligkeit vorangehen, falls der Antrieb bewußt angewendet wird. Ist dieser Punkt überschritten, so setzt sich die Bewegung mit Hilfe der gewonnenen Schwungkraft in passiver Entspannung fort.

In der nächsten Übung strecken wir die Arme ganz aus. Mit einer vollen Drehung beschreiben wir von der Schulter aus vor uns Kreise, bei denen wir abwechselnd den rechten vor dem linken und den linken vor dem rechten Arm kreuzen lassen (Abb. 16). Wir wiederholen dies mehrere Male, zuerst mit einem Impuls nach außen, dann mit

einem nach innen, wobei wir versuchen, uns des Prinzips der Antriebs- und Schwungkraft bewußt zu werden. Danach versuchen wir diese gegenläufigen Bewegungen in
beiden Richtungen (Abb. 16 und 17).

Dann wiederholen wir diese Bewegungen; der Impuls kommt nun aber nicht bei beiden Armen gleichzeitig, sondern hintereinander. Dabei gilt es, den rhythmischen
Schwung der Ellbogen, der Handgelenke und der Finger nicht zu vernachlässigen;
die Finger sind in dem Augenblick, da der Arm am längsten ist, am weitesten ausgestreckt.

Wir schwingen beide Arme gleichzeitig in derselben Kreisrichtung, zuerst im Uhrzeigersinn, dann entgegengesetzt (Abb. 18).

Wir haben gesehen, wie diese Bewegung in zwei parallelen und in zwei entgegengesetzten Richtungen koordiniert werden kann; insgesamt haben wir also vier Mög-
lichkeiten.

Zum Schluß schwingen wir die Arme vor uns, indem jeder eine liegende Achterfigur
beschreibt; dabei dürfen die Arme gebeugt und die Gelenke freier bewegt werden.
In jedem Achterschwung vereinigt man so einen Ab- und einen Aufstrich. Im Abstrich sollen Finger und Daumen offen und gespreizt sein. Am äußersten Punkt des

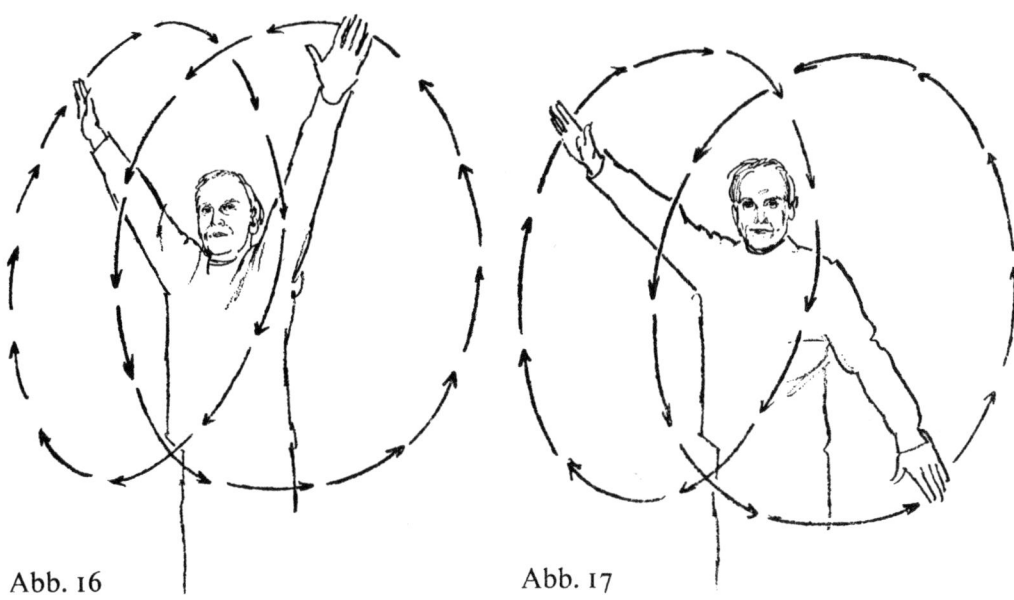

Abb. 16   Abb. 17

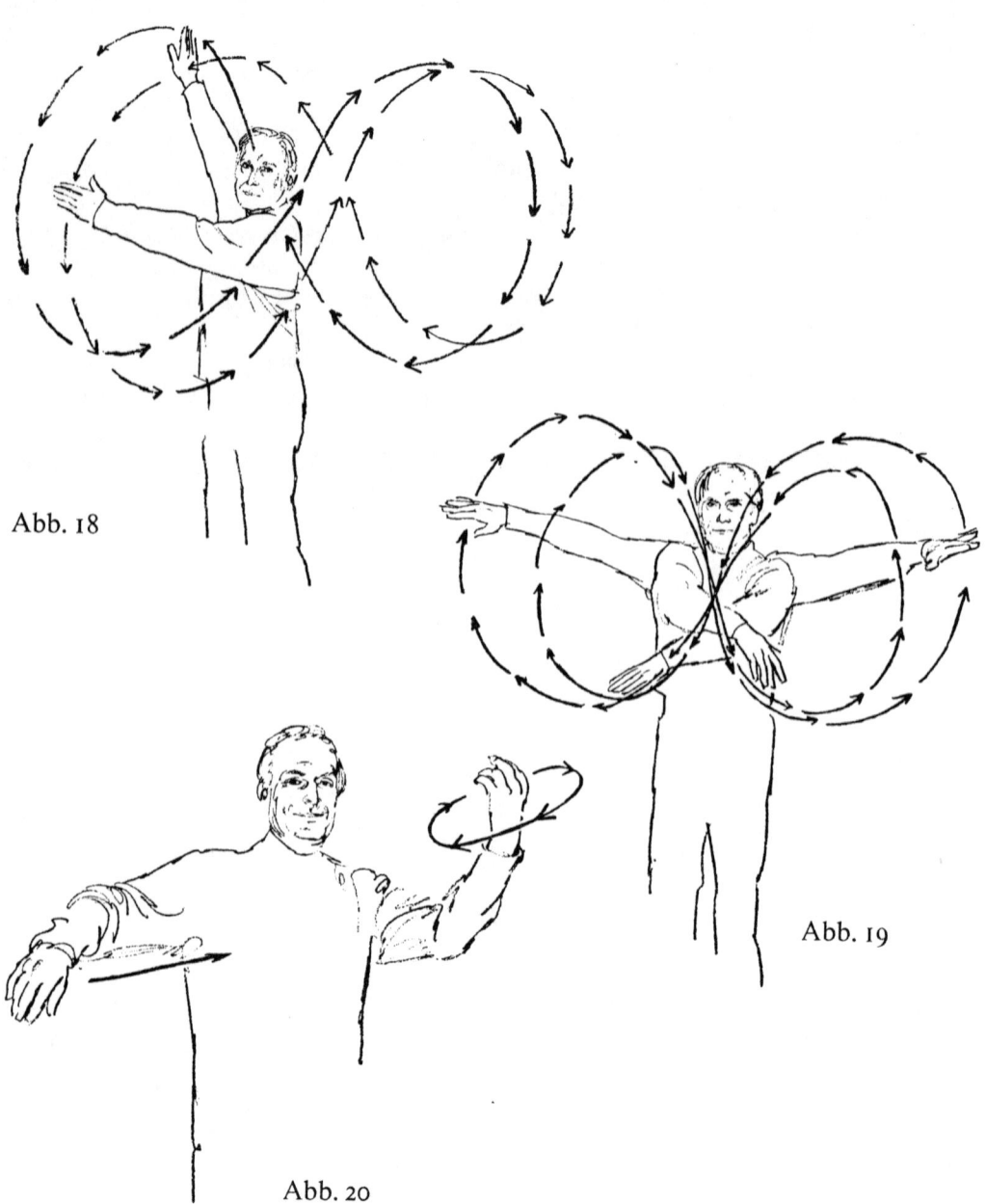

Abb. 18

Abb. 19

Abb. 20

Abstrichs und des Aufstrichs muß man die Bewegung in den Schulterblättern spüren (Abb. 19).

Wir wollen die Beine nicht vergessen und stehen mit horizontal ausgestreckten Armen auf einem Bein; das andere schwingen wir wie ein Pendel so energisch und in so großem Bogen als möglich und nehmen dabei ein Schwingen des Körpers und der Arme mit. Wenn das rechte Bein vorwärtsgeworfen wird, schwingen Körper und Arme im Uhrzeigersinn, wird das linke Bein nach vorn geworfen, in der Gegenrichtung.

Unsere letzte Schwungübung kommt dem eigentlichen Geigenspiel am nächsten. Wir heben den linken Unterarm in die Stellung, die in der Abb. 20 zu sehen ist. Finger und Handgelenk sollen frei sein, der Ellbogen soll mitschwingen können. Die rechte Handfläche ist wie beim Bogenstrich nach unten gerichtet; Finger und Handgelenk sind völlig weich und locker. Mit dem leicht gebogenen rechten Arm beginnen wir zu schwingen; damit werden beide Arme und auch das Handgelenk und die Finger in Bewegung gesetzt.

Wie man das Geigenspiel noch getreuer imitieren kann und dem echten Gefühl dafür noch näher kommt, zeigen uns die folgenden Handstellungen (Abb. 21):

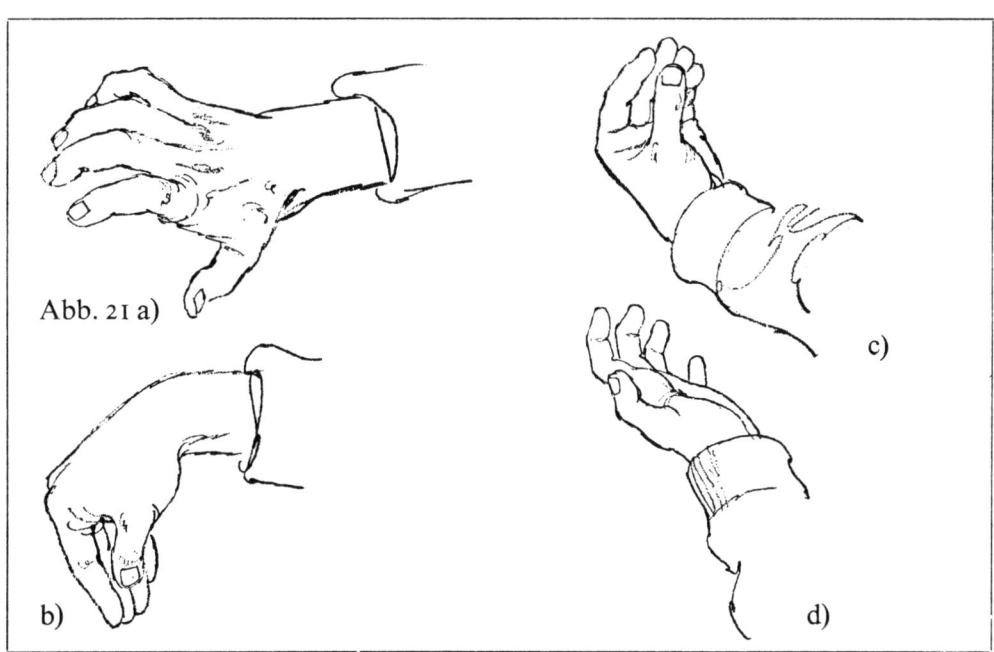

Abb. 21 a)

b)

c)

d)

a) Wenn der rechte Arm ganz ausgestreckt ist, öffnen sich die Finger.

b) Wenn sich der rechte Arm beugt, kommen die Finger allmählich zusammen; wird die Bewegung fortgesetzt, so beugen sie sich.

c) Wenn die linke Hand in Geigenspielstellung weg vom Körper geworfen wird, ziehen sich die Finger zusammen.

d) Wenn die linke Hand zum Körper zurückgeworfen wird, öffnen sich die Finger.

a) und c) können in übereinstimmenden Schwüngen beider Arme vorkommen. Daher kommen natürlich auch b) und d) zusammen vor. Außerdem können a) und d) und ebenso b) und c) gleichzeitig geschehen.

Fünf Yoga-Übungen

Zum Abschluß dieser Lektion gebe ich fünf Yoga-Übungen an, die ersten vier sollte man mindestens so lange halten, bis man jeweils dreimal ein- und ausgeatmet hat.

1. Wir drücken die Handflächen gegen die Wirbelsäule zusammen, zuerst wie in Abb. 22, dann 23. Die Schulterblätter werden dabei zurückgezogen, die Arme und Hände zusammen aufwärtsgestoßen.

Abb. 22   Abb. 23

Abb. 24

Abb. 25

Abb. 26

2. *Schulterstand oder Kerze* (Abb. 24). Der Körper steht senkrecht, die Hände werden fest gegen den Rücken gepreßt, die Brust wird vorgeschoben, das Kinn drückt dagegen. Man kann diese Stellung zuerst gegen eine Wand versuchen.

3. *Pflugstellung* (Abb. 25). Will man in dieser Stellung lange bleiben (was sehr nützlich ist), kann man die Füße auf einen Stuhl aufsetzen; dadurch wird die Übung leichter. Diese Stellung eignet sich für eine Reihe von Variationen, bei denen die Hände auf verschiedene Weise den Füßen Widerstand leisten können; man versucht, mit den Händen die Füße zu berühren und sie auseinanderzubringen. Die Füße können aber auch von außen her zusammengestoßen werden. Schließlich kann man versuchen, die Beine mit den Händen nach oben zu stoßen oder sie herunterzuziehen. Alle diese Variationen sind sehr nützlich.

4. Nach diesen «Pflug»-Übungen, bei denen man den Rücken rundet, ist es ratsam, das Gegenteil zu tun und das Kreuz hohl zu machen. Man liegt mit dem Rücken

auf dem Boden, stellt die Beine abgebogen auf, hält die Fußgelenke mit den Händen fest und hebt den Rücken vom Boden weg, bis er die Form eines Bogens hat (Abb. 26). Die stärkste Rückenbewegung erzielt man, wenn man die Handflächen hinter dem Kopf auf den Boden legt und dann Kopf und Körper – mit Ausnahme der Hände und Füße – ganz vom Boden weghebt.

5. Zum Schluß kommt die köstliche Belohnung; nach diesen verschiedenen Streck- und Widerstandsübungen legen wir uns ganz ausgestreckt mit dem Rücken auf den Boden und entspannen uns völlig. Je größer die vorhergehende Anstrengung gewesen ist, desto mehr genießt man diese Phase, welche tatsächlich die «Totenlage» genannt wird. Gelingt es in dieser Lage, sich wirklich zu entspannen, so spürt man den Pulsschlag in beiden Armen (besonders in den Unterarmen), und bei völliger Entspannung manchmal sogar in den Beinen.

Man atmet ruhig und konzentriert sich darauf, jegliche Spannung zu lösen, Glied um Glied, Gelenk um Gelenk, und die Schwere der einzelnen Glieder so zu spüren, als würden sie in den Boden sinken. In dieser Lage kann man zwanzig Minuten oder länger bleiben, wenn es einem die Zeit erlaubt (Abb. 27).

Abb. 27

Lektion 2
Vorübungen – rechte Hand

Ich finde es leichter, für diese Übungen zunächst einen leichten, runden, unlackierten Holzstock zu verwenden, der 45 bis 60 cm lang ist und etwa denselben Durchmesser wie ein Violinbogen hat. Wenn man mit den Empfindungen vertrauter ist und die Bogen-Vorübungen auch schon gemacht worden sind, sollte man diese Stock-Vorübungen mit dem Bogen wiederholen.

Gleichgewicht des Stocks im Mittelpunkt

Haltung der Finger
Wir stützen das Stockende mit der linken Hand. Bei angewinkeltem rechtem Arm – der Unterarm ist ungefähr parallel zum Fußboden – halten wir den Stock mit dem Daumen und dem zweiten Finger in der Mitte im Gleichgewicht. Die Finger sollten sich weich runden, so daß die Daumenspitze den Stock mit dem Nagel berührt und mit dem zweiten Finger, dessen erstes Glied schräg über den Stock zu liegen kommt,

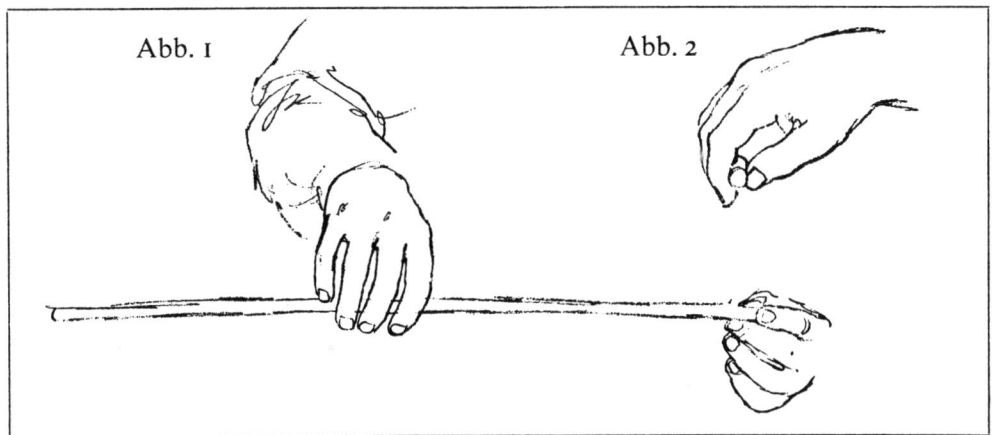

Abb. 1   Abb. 2

einen Ring bildet. Jetzt nehmen wir die übrigen Finger leicht dazu – zuerst den vierten Finger, dessen Kuppe nicht ganz aufliegt, sondern den Stock nur mit der Innenseite knapp berührt, dann den ersten Finger, der etwas seitlich genau zwischen seinem ersten und zweiten Glied aufliegt, und schließlich den dritten Finger, der den Stock zwischen der Fingerbeere und dem ersten Glied berührt (Abb. 1 und 2).

Die Finger sind gerundet und – ohne einander zu berühren – gleich weit voneinander entfernt; die Hand hängt leicht und weich am Handgelenk.

Man wird feststellen, daß der Abstand zwischen dem Stock und der Fingerwurzel beim vierten Finger größer ist als beim ersten. Das bedeutet, daß die Knöchel in einem flachen Winkel und nicht genau parallel zum Stock liegen. Dieser Winkel wird ständig verändert und, während man den rechten Arm dreht und leicht anhebt, der Richtung des Stocks angepaßt.

Gleichgewicht des Stocks in Spielstellung

Nun ziehen wir den Stock mit der linken Hand langsam durch die Finger der rechten Hand nach links und lassen dabei den Stock mit der linken Hand immer wieder los; der vierte Finger bekommt dabei das Gefühl dafür, daß er jedesmal eine stärkere Stützfunktion ausüben muß, um den Stock im Gleichgewicht zu halten. Wenn wir den Stock mit der linken Hand ziehen, so entspricht dies etwa dem Widerstand der Violinsaiten; lassen wir ihn los, so ist die Wirkung dieselbe, wie wenn wir beim Violinspiel den Bogen frei in der Luft halten oder ihn beim Spielen in der unteren Bogenhälfte ausbalancieren. Die andern Finger bleiben durchwegs völlig weich und dürfen auf keinen Fall «zupacken», um den Stock zu tragen, und zwar auch dann nicht, wenn er mit der linken Hand gestützt wird.

Koordinierte Bewegungen der Daumen, Finger und Knöchel

Man lernt diese Bewegungen leichter, wenn man sich vorstellt, daß der Bogen in zwei «Grundfiguren» gehalten wird: in einem Ring oder *Kreis* und in einem Bogen oder einer *Brücke*. Die erste Figur ist der Ring, den der Daumen und der zweite Finger gebildet haben, als wir zu Beginn den Stock in der Mitte im Gleichgewicht hielten (Abb. 3). Die zweite Form ist die Brücke, die aus den Knöcheln, getragen von zwei «Pfei-

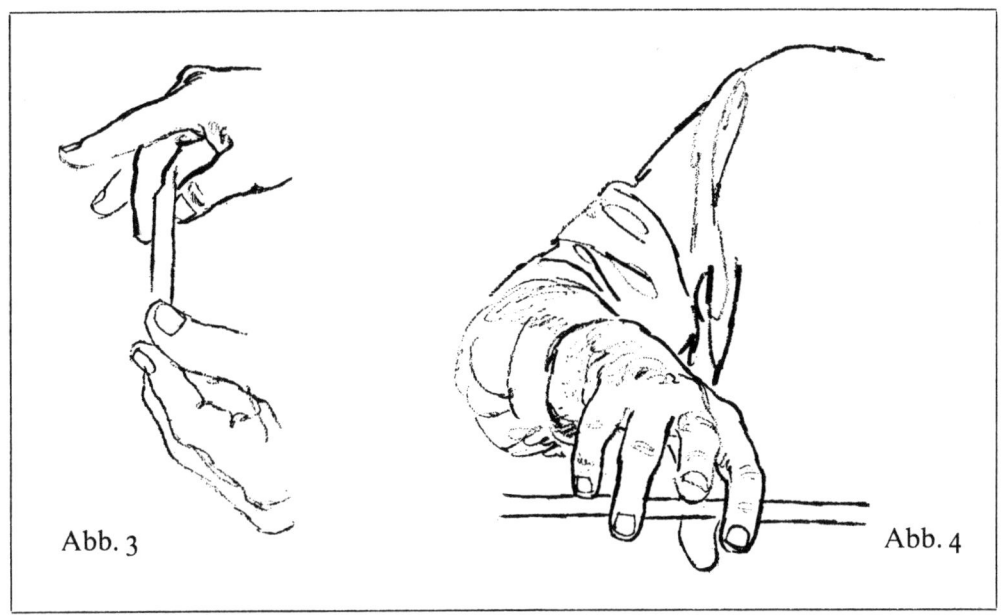

Abb. 3   Abb. 4

lern», besteht: der eine ist der erste Finger, der von beiden Seiten des Stocks her Kraft anwenden kann; der andere ist zweibeinig und besteht aus dem dritten und dem vierten Finger, die von der Seite her Druck ausüben (Abb. 4). (Von dieser besonderen Anwendung wird später noch die Rede sein.)

Obwohl das Gewicht des Armes hauptsächlich auf dem ersten Finger liegt, hat die Brücke die wesentliche Funktion, eine Bewegung auszubreiten; dadurch wird ein Teil des Gewichts auf den dritten und den vierten Finger verlagert, so daß diese gezwungen werden, am Bogenstrich aktiv teilzunehmen.

Der Ring

Wir halten den Stock immer noch mit der linken Hand und gleiten mit dem rechten Daumen längs des Stocks vor- und rückwärts, ohne die Hand zu bewegen. Dabei achten wir darauf, daß die Daumenspitze mit dem Stock in Berührung bleibt. Auf diese Weise sollte sich der Daumen biegen, wenn er am Stock entlang nach links (auf die Bogenspitze zu) gleitet, und sich leicht strecken, wenn er sich nach rechts (auf den Frosch zu) bewegt. Er darf sich jedoch nie so stark strecken, daß er die leichte Krümmung nach außen verliert. (Das Beugen des Daumens, der auf die Bogenspitze zugleitet, fällt mit einem Bogenrollen im Uhrzeigersinn zusammen; gleitet der Daumen gegen den Frosch, so rollt der Bogen entgegengesetzt. Daran sind bis zu einem gewissen Grade alle Finger und Gelenke beteiligt und wirken einander manchmal sogar entgegen.) Auch die anderen Finger sollten ihren Berührungspunkt am Stock beibehalten; die Hand soll vom Handgelenk leicht herunterhängen.

Jetzt nehmen wir den ersten, den dritten und den vierten Finger vom Stock weg und gleiten wieder mit dem Daumen. Diesmal schieben wir den zweiten Finger in die dem Daumen entgegengesetzte Richtung – gegen den Frosch, wenn der Daumen gegen die Spitze gleitet, und gegen die Spitze, wenn er gegen den Frosch gleitet. Man wird merken, daß sich der Stock abwechselnd nach links und nach rechts neigt (Abb. 5 und 6). Und nochmals: Bei allen Bogenübungen muß man sich wirklich davon überzeugen, daß die Berührungspunkte der Finger am Stock unverändert bleiben. Sobald wir die Verbindung der beiden Bewegungen als natürlich empfinden, gleiten wir nicht mehr mit dem Daumen und dem zweiten Finger dem Stock entlang, sondern behalten die entgegengesetzten Druckimpulse bei. Dadurch beginnt der Stock, leicht wie er ist, ein wenig zu schwanken. Wir sehen dabei noch deutlich, wie sich der Daumen beugt und streckt.

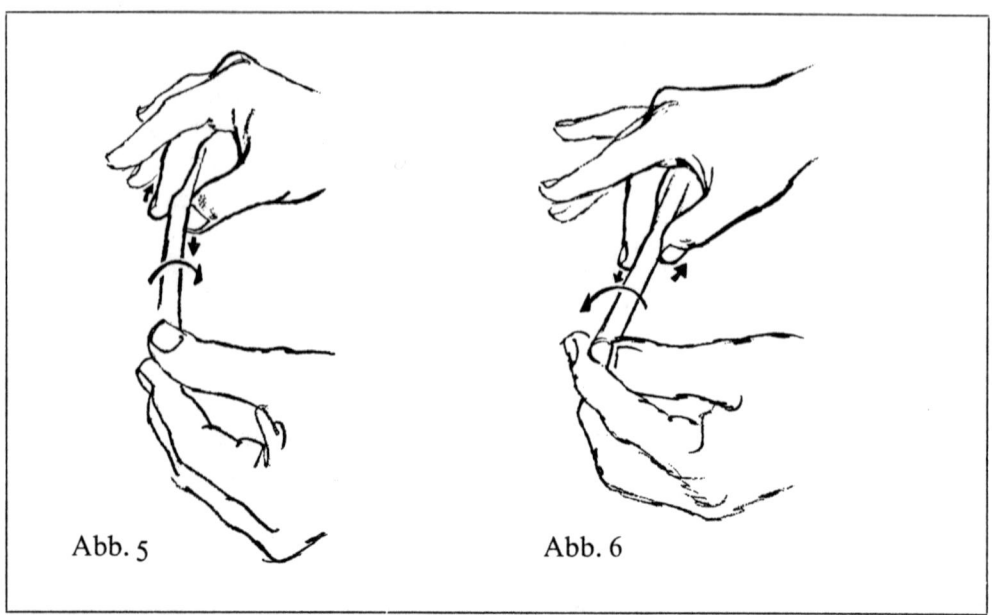

Abb. 5   Abb. 6

In seiner Grundstellung biegt sich der Daumen deutlich in horizontale Richtung, wobei der Muskel am Ansatz weich bleibt. Diese Stellung kommt vor

a) als Ausgangsstellung beim Abstrich,
b) beim Saitenwechsel auf eine höhere Saite, zum Beispiel:
c) als unmittelbare Vorbereitung eines Abstrichs am Ende eines Aufstrichs und
d) bei sehr kurzen Aufstrichen, wie beim «*Retake*»*, beim fliegenden *Staccato* oder beim *Spiccato* (bei dem die Vorbereitung des folgenden Strichs ungefähr so lang ist wie der Strich selbst).

In seiner zweiten Stellung ist der Daumen etwas weniger gebogen, und der Muskel wird im Ansatz aktiv. Diese Stellung kommt vor

a) bei der allgemeinen Aufstrich-Richtung,
b) beim Saitenwechsel auf eine tiefere Saite,
c) als unmittelbare Vorbereitung eines Aufstrichs am Ende eines Abstrichs und
d) bei sehr kurzen Abstrichen (in denen die folgenden Aufstriche vorweggenommen werden).

Verändert man die Beuge- und Streckbewegung des Daumens in vertikaler Richtung, so kann man den Stock auch *rollen* (Abb. 5 und 6). Wenn diese Bewegung zusammen mit Auf- und Abstrichen gemacht wird, verändert sie den Winkel der Bogenhaare zu den Saiten – gegen den Uhrzeigersinn bei Annäherung an den Frosch im Aufstrich (das Handgelenk hebt sich) und im Uhrzeigersinn bei Annäherung an die Spitze im Abstrich (das Handgelenk senkt sich). Mit diesem Rollen kann man auch den Abstand des Bogens vom Steg variieren und damit die Klangfarbe und die Tonstärke verändern.

(Bei der Beschreibung des Bogenrollens mit dem Uhrzeiger und gegen ihn gehen wir immer davon aus, daß der Bogen vom Frosch aus direkt in der ganzen Länge bis hinunter zur Spitze betrachtet wird.)

Die Brücke

Wir halten den Stock mit der linken Hand, setzen den ersten, den dritten und den vierten Finger darauf und nehmen nun den Daumen und den zweiten Finger weg. Sowohl im Abstrich als auch im Aufstrich streben die Pfeiler auseinander. Das Gefühl dafür entwickelt man am besten, wenn man die Pfeiler zuerst auf dem Stock hin- und hergleiten läßt, auch wenn sie dann später auf dem Bogen verankert bleiben werden.

* Retake = zurückgenommener Bogen, wiederholter Bogenstrich – ein von Yehudi Menuhin selbst geprägter Ausdruck (Anm. d. Verlags).

Wenn beim Abstrich die Pfeiler auseinandergehen, senken sich die Knöchel und das Handgelenk, und der Ellbogen hebt sich ein wenig. Trennen sich die Pfeiler beim Aufstrich, so heben sich die Knöchel und das Handgelenk, wobei sich der Ellbogen ganz wenig senkt (Abb. 7 und 8).

Beide Male ist es äußerst wichtig, zu spüren, wie die Finger und Knöchel auch dann auseinanderziehen, wenn sich die Finger beim Aufstrich «sammeln». Wesentlich ist, daß zwischen den beiden «Spannungs»-Empfindungen ein Moment völliger Entspannung eintritt.

Jetzt wechseln wir zwischen Abstrich- und Aufstrichempfindungen ab, wobei wir jedesmal durch einen «Null-Punkt» gehen, bei dem die Spreizbewegung der Hand wegfällt. In beiden Pfeilern muß die Anstrengung unbedingt gleich groß sein; wann immer man den einen nachlässiger oder energischer werden läßt als den anderen, läuft man Gefahr, eine schlechte Gewohnheit anzunehmen.

Kombination von Ring und Brücke

Wir fahren mit den alternierenden Spreizbewegungen fort und nehmen jetzt die Bewegungen des Daumens und des zweiten Fingers dazu. Zuerst machen wir diese

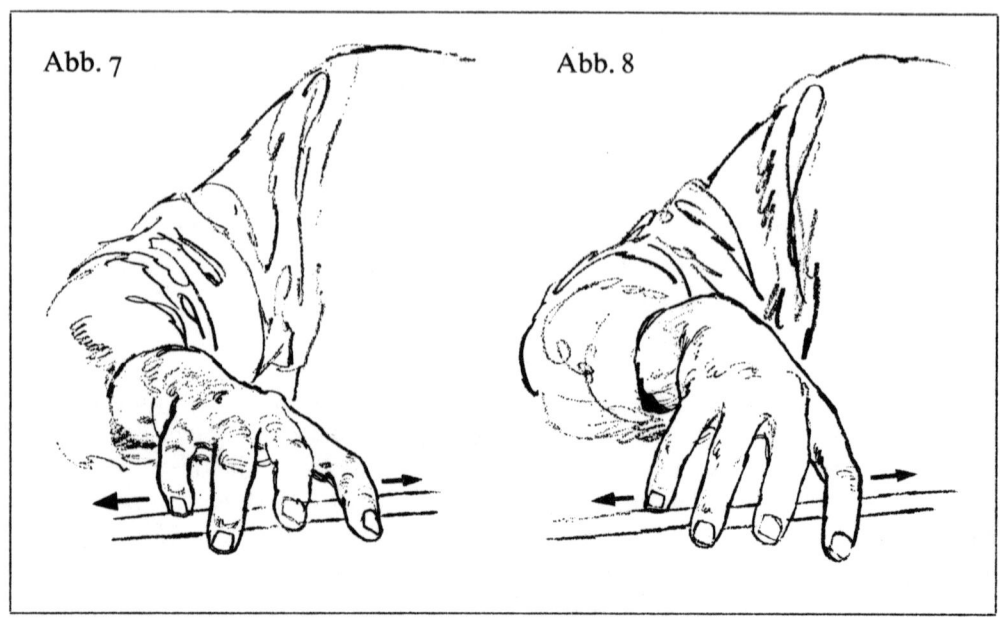

Abb. 7   Abb. 8

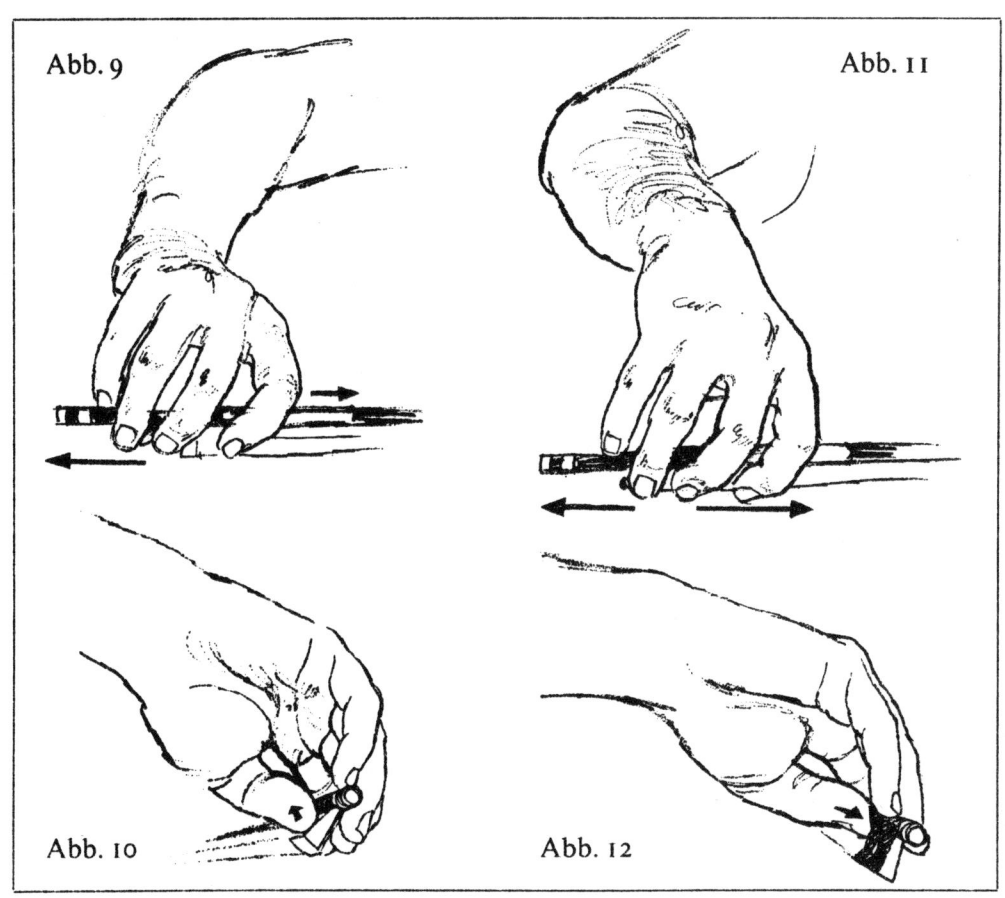

Abb. 9

Abb. 11

Abb. 10

Abb. 12

Übung mit dem Stock und später mit dem Bogen, wie die Abbildungen 9 und 10 zeigen. Wenn beim Abstrich die Knöchel gesenkt werden, beugt sich der Daumen und drückt ebenso wie der erste Finger gegen die Bogenspitze, während der zweite Finger mit dem dritten und vierten Finger gegen den Frosch drückt. Beim Aufstrich, wenn sich die Knöchel heben, drückt der Daumen zusammen mit dem dritten und dem vierten Finger gegen den Frosch, während der zweite nun gemeinsam mit dem ersten gegen die Bogenspitze drückt (Abb. 11 und 12). Durch keine der Bewegungen aber dürfen die Berührungspunkte eines Fingers oder des Daumens auf dem Stock verändert werden.

Diese Verbindung der Bewegungen kann auch ohne Stock geübt werden. Wir dürfen uns jedoch nicht so ausschließlich auf die Hände konzentrieren, daß wir unerwünschte Spannungen im Oberarm und in der Schulter unbeachtet lassen.

Geschmeidigkeit und Weichheit der Finger und des Daumens beim Tragen des Stocks ohne die Stütze der linken Hand

Vertikale Fingerbewegungen

Wir kommen auf unsere allererste Stockhaltung im Mittelpunkt zurück, bei welcher der Stock in der rechten Hand allein automatisch ausbalanciert wird. Wir halten Hand und Arm ruhig und heben den Stock durch Beugen der Finger und des Daumens so hoch wie möglich; dann strecken wir die Finger und den Daumen, wodurch sich der Stock senkt. Beim Heben rollt er im Uhrzeigersinn, beim Senken in die entgegengesetzte Richtung. Auch hier achten wir wieder darauf, daß sich die Berüh-

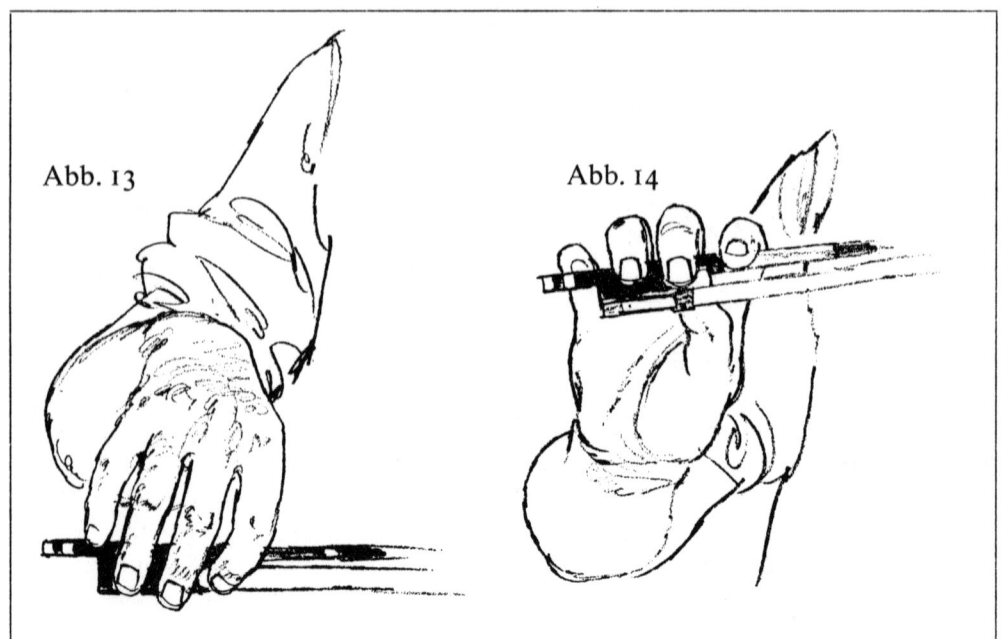

Abb. 13   Abb. 14

Abb. 15 Abb. 16

rungspunkte nicht verändern. Sobald wir die Finger (und somit auch den Stock) bis zum Maximum bewegt haben, können wir aus dem Handgelenk heraus noch eine weitere Auf- oder Abwärtsbewegung hinzufügen, durch die sich der Weg, den der Stock zurücklegt, vergrößert. Wir wiederholen diese Bewegungen, wobei wir die Hand auf der Stange allmählich gegen den Frosch schieben, so daß uns die Aufgabe des vierten Fingers, der den Stock im Gleichgewicht halten soll, ohne seine Geschmeidigkeit zu verlieren, bewußt wird (Abb. 13 und 14).

Um die Geschmeidigkeit und Anpassungsfähigkeit zu verbessern, versuchen wir – nur aus Neugierde – den Bogen mit der Hand so zu schwingen, daß wir den dritten und den vierten Finger bei jedem Aufwärtsschwung loslassen, und sobald er sich dem tiefsten Punkt nähert, ihn mit den beiden Fingern wieder berühren.

Horizontale Fingerbewegungen

Da wir beim Violinspiel immer wieder horizontale Bewegungen ausführen, müssen unsere Finger lernen, auch in dieser Richtung elastisch zu sein.

Wir halten die Stange am Frosch in neutraler Stellung und geben mit den Fingern und dem Daumen eine möglichst weiche Stütze. Nun stoßen und ziehen wir den Bogen mit der linken Hand und verstärken dabei den Halt in der rechten Hand gerade nur um so viel, daß die Stange zwischen Daumen und Fingern nicht durchrutscht. Diese müssen jedoch genügend flexibel bleiben, um auf das Aufstrich und Abstrich imitierende Ziehen und Stoßen passiv zu reagieren und sich im Aufstrich zu strecken und im Abstrich zu beugen (Abb. 15 und 16).

Jetzt halten wir den Stock nur mit der rechten Hand, und durch gleichzeitiges Beugen der Finger und Heben der Hand vom Handgelenk aus stoßen wir ihn hinauf. Nun überlassen wir Hand und Finger sachte der Schwerkraft, bis der Stock fällt und sein Gewicht die Hand hinunterzieht, wobei sich die Finger strecken. Hierbei löst sich der

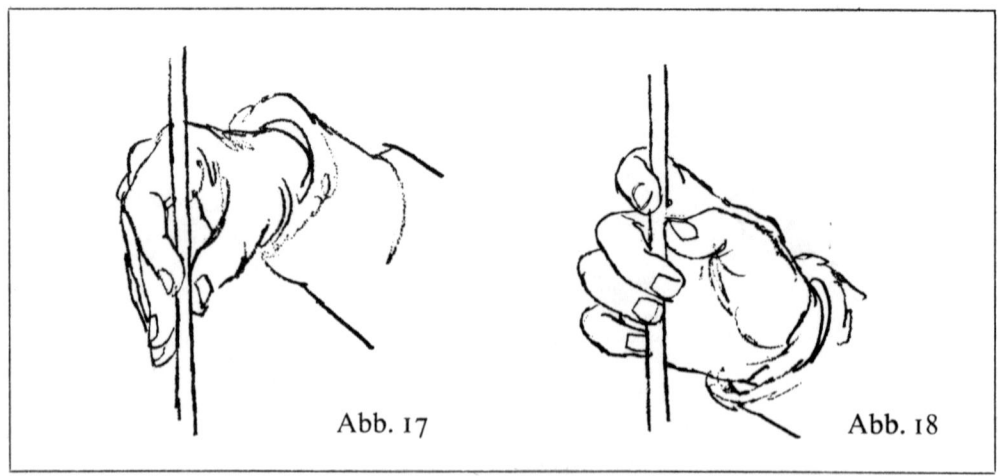

Abb. 17   Abb. 18

vierte Finger allmählich vom Stock, und der dritte berührt ihn kaum noch (Abb. 17 und 18).

Damit wir das Gefühl auch für die entgegengesetzte Richtung erhalten, drehen wir den Stock um und wiederholen die Übung; diesmal wird der Stock aber durch Aufwärtsstrecken der Finger aktiv gehoben, während der passive Fall die Finger beugt.

Mit den vorangegangenen Übungen bereiten wir uns darauf vor, daß wir bei einem horizontalen Bogenstrich, bei dem sich die Finger nach links beugen und nach rechts strecken, elastisch bleiben. Diese Bewegungen wollen wir jetzt versuchen.

Kreise (Verbindung der vertikalen mit den horizontalen Fingerbewegungen)

Sobald man die vertikalen und horizontalen Fingerbewegungen (mit dem waagrechten Stock) beherrscht, sollte es gelingen, diese Bewegungen in einen Kreis nach beiden Richtungen zu kombinieren. Diese Kreisbewegung wird mit dem Stock geübt, den wir in verschiedenen Winkeln zwischen der vertikalen und der horizontalen Stellung halten. Alle Finger arbeiten gleichmäßig, so daß beide Stockenden gleich große Kreise beschreiben. Der Impuls für diese Bewegung kommt aus dem Arm.

Schon auf dieser frühen Stufe experimentieren wir mit den vorangegangenen Übungen, indem wir den Stock nur mit dem ersten und dem zweiten Finger gegen den Daumen im Gleichgewicht halten. Man wird herausfinden, daß der zweite Finger etwas von den Pflichten des dritten und des vierten Fingers übernimmt; er muß aber trotzdem so nahe wie möglich beim Daumen gehalten werden, der den Stock vielleicht ein

44

Abb. 19

wenig auf- und abrollen muß. Damit der erste und zweite Finger wirklich locker bleiben, muß der Arm gut einwärts gedreht werden – und zwar so, daß der erste Finger am Gelenk zwischen dem Wurzelglied und dem mittleren Glied auf den Stock zu liegen kommt.

Vorübungen mit dem Bogen

Jetzt nehmen wir statt des Stocks den Violinbogen zur Hand. Die folgende Übung gibt uns einen Begriff, welche Bewegungen bei der Bogenführung gebraucht werden, ohne daß man das volle Gewicht des Bogens zu tragen hat.
Wir legen den Frosch auf einen Notenständer (Abb. 19), die Spitze halten wir mit der linken Hand, die rechte Hand legen wir leicht beim Frosch auf den Bogen. Das einzige Element des Haltens ist bei diesem Aufsetzen der Hand das Gefühl der Berührung im «Ring», den der zweite Finger schon vor dem Aufsetzen der Hand auf den Bogen locker mit dem Daumen formen sollte. Die Hand fällt dann ganz natürlich in eine bequeme Stellung. Das Gefühl der Berührung im «Ring» sollte man beibehalten, während die Hand entlang der Stange zur Spitze hinauf und wieder zurück gleitet. Der Arm soll so leicht und ausgewogen sein, daß kein Gegenzug zu spüren ist. Wir erinnern uns, daß beim Abstrich Schulter und Schulterblatt der Hand und den Fingern folgen und umgekehrt beim Aufstrich der Hand ausweichen. Da in diesem sanften

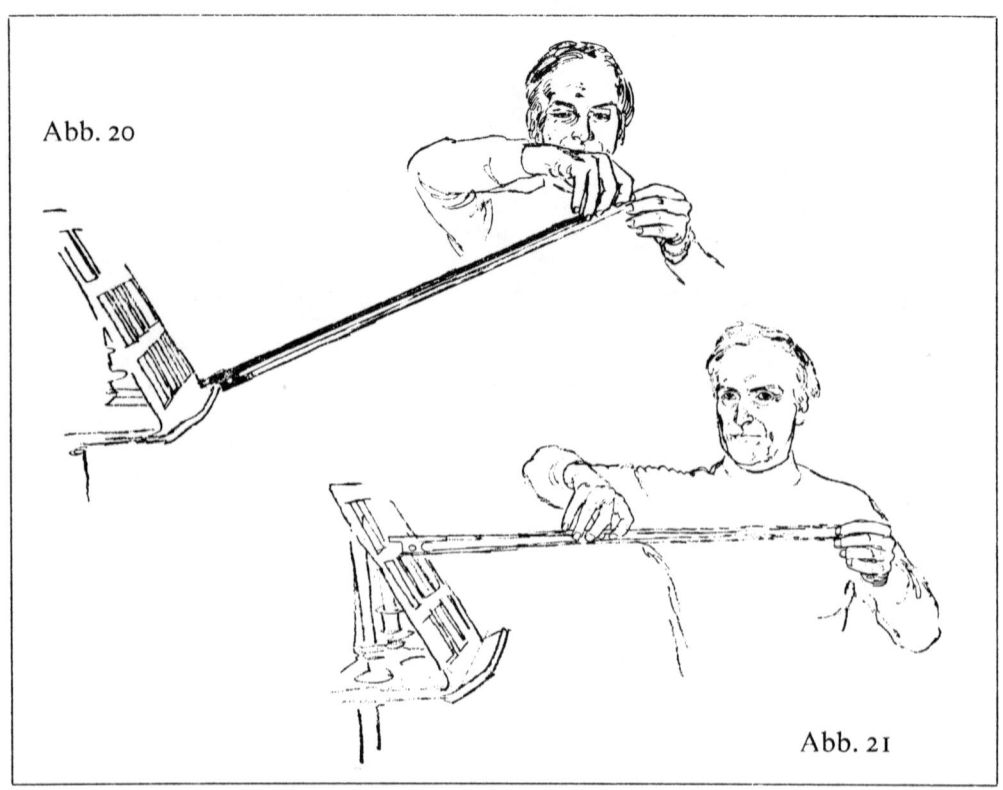

Abb. 20

Abb. 21

Gleiten so gut wie keine Energie vorhanden ist, sieht man außer der sich geringfügig verändernden Fingerneigung beim Ab- und Aufstrich kaum eine Fingerbewegung; die kleine Abweichung bei den Strichen wird sich durch die Reibung zwischen den Fingern und der Bogenstange von selbst ergeben, wenn die Hand wirklich weich ist.

Eine Bewegung, die sich in dieser Übung zeigen sollte, ist die Anpassung der Winkel zwischen Oberarm, Unterarm, Handgelenk und Fingern, durch die während der ganzen Strichbewegung der Bogen parallel zum Steg gehalten wird. Diese Anglei-chung, die wir später noch im einzelnen betrachten werden, beginnt im Augenblick, da sich der Arm zu bewegen anfängt, und setzt sich durch den ganzen Bogenstrich fort. Die verschiedenen Ebenen, auf denen sich der Arm zu bewegen hat, wenn der Bogen über die Saiten streicht, erhält man dadurch, daß man den Frosch verschieden hoch aufstützt oder die Bogenspitze abwärts neigt (Abb. 20 und 21).

Das Ausbalancieren des Bogens

Bei der Bogenführung kann das natürliche Halten und Tragen des Bogens durch übermäßige Spannung im Handgelenk, im Daumen und in den Fingern, die sich bis in den Arm und in die Schultern überträgt, blockiert und sogar die ganze Armbewegung gesperrt werden. Die folgenden Übungen sollen von Anfang an zu einer Bogen-Grundhaltung führen, welche die Bewegungen und alle notwendigen Gegenbewegungen unbehindert gestattet. Gleichzeitig wird die Hand, insbesondere der Daumen und der kleine Finger, durch diese Übungen an die recht unterschiedlichen Abstufungen des Muskeltonus gewöhnt, die den verschiedenen Funktionen des Bogenstrichs eigen sind. Ein weiteres Ziel dieser Übungen, die wir in erweiterter Form in Lektion 4 fortsetzen, besteht darin, das Gefühl für die Elastizität des Bogens und für die Wirkung der verschiedenen Geschmeidigkeitsgrade der Gelenke auf den Bogen zu entwickeln.

Wir halten die Geige in einer angenommenen Spielstellung (Abb. 22 und 23). Dadurch bekommt der linke Arm von Anfang an das Gefühl von Freiheit, das beim Spielen immer erhalten bleiben soll; gleichzeitig werden die Finger der linken Hand kräftiger.

Wir beginnen, indem wir den Bogen in der Mitte auf eine der Saiten legen. Jetzt nehmen wir den zweiten und den dritten Finger vom Bogen weg und halten ihn so leicht wie möglich mit dem Daumen, dem ersten und dem vierten Finger. Dann drücken wir den vierten Finger hinunter, bis sich der Bogen von der Saite hebt. (Diese Übung verfehlt ihren Zweck, wenn der Bogen nicht ausschließlich durch den Druck des vierten Fingers gehoben wird.) Durch diesen Druck hebt sich nicht nur der Bogen – vielmehr rundet sich der Daumen, und der erste Finger biegt sich aufwärts, wobei er jedoch die Stange nicht fest anpacken sollte.

Auf diese Weise hält sich der Bogen einige Momente lang über der Saite im Gleichgewicht; dann lösen wir den Druck des vierten Fingers, der Bogen fällt auf die Saite zurück, und wir lassen ihn mit ganz entspannter Hand abprallen, bis er von selbst auf der Saite liegen bleibt. Wenn die Hand wirklich locker ist, spüren wir das Aufprallen als «Echo» in der Hand und den ganzen Arm hinauf.

Im zweiten Teil dieser Übung, in dem eine echte *Ricochet*-Wirkung erzeugt wird, ziehen wir den Bogen in dem Augenblick, da der Druck aufhört, ganz langsam gegen die Spitze, bis zu einem Punkt, an dem die Hüpfer zum Stillstand kommen. (Geiger mit normaler Armlänge sollten nicht zu nahe an die Spitze gelangen, weil hier die Bogenhaltung für diesen Teil des Bogens ungeeignet ist.) Dann wird der Bogen durch Druck

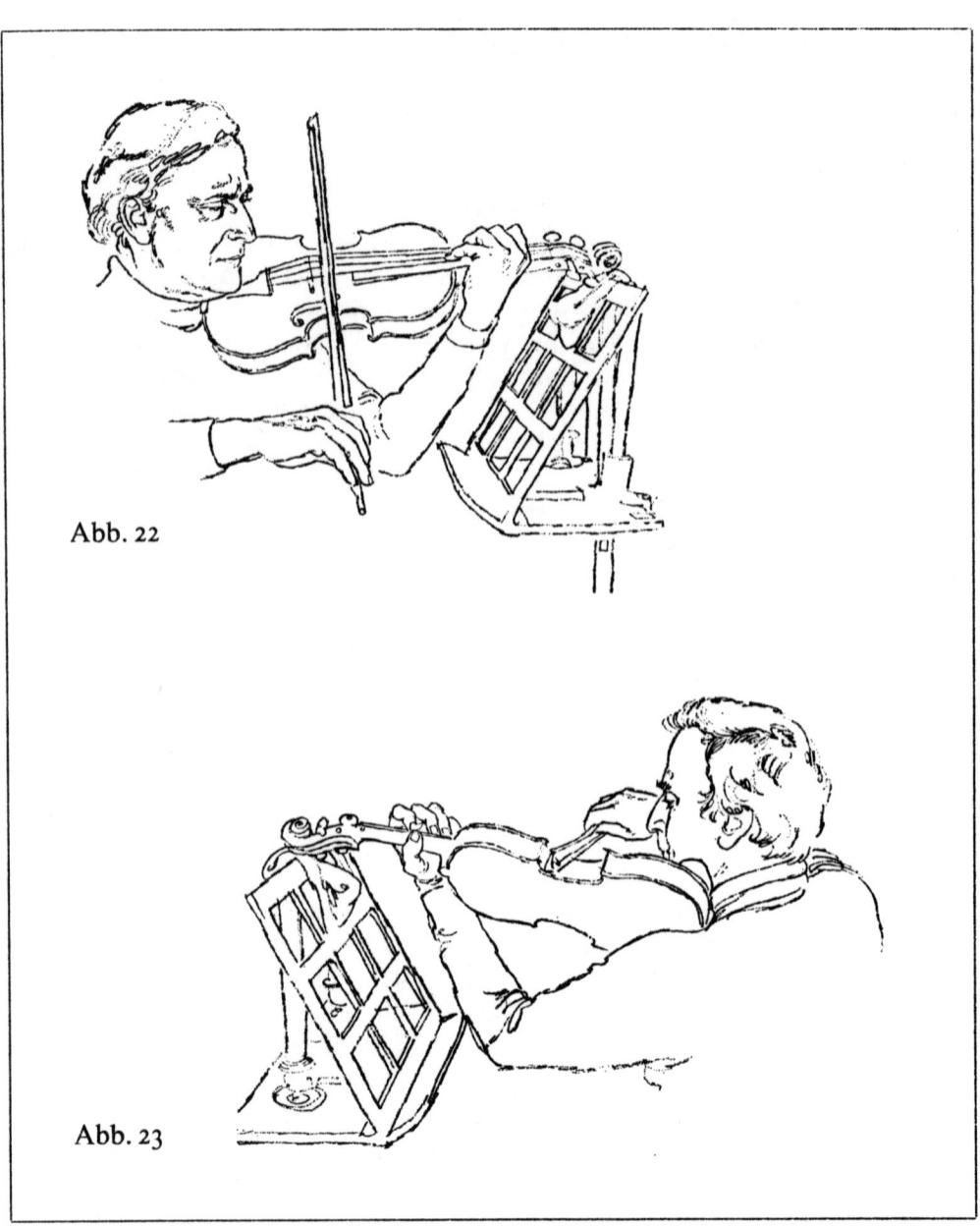

Abb. 22

Abb. 23

48

des vierten Fingers wieder gehoben, zu seinem Ausgangspunkt zurückgebracht und nochmals fallen gelassen. Als Variante kann man den Bogen, statt ihn zum Ausgangspunkt zurückzubringen, oberhalb des Punkts loslassen, den man nach dem Abstrich erreicht hat, und in einem Aufstrich-*Ricochet* zurück zum Frosch stoßen. Wie lange sich die Aufprallbewegungen beim Aufstrich fortsetzen, hängt von der Leichtigkeit im Arm und in der Schulter ab, die eine wesentliche Vorbedingung für diese Übung ist.

Den zweiten Teil dieser Übung wiederholen wir mit allen Fingern auf dem Bogen. Dabei sollten wir spüren, daß der zweite und der dritte Finger mithelfen, den Bogen zu tragen – besonders der zweite Finger, denn jetzt ist wieder der «Ring» gebildet. Im losgelassenen, hüpfenden Stadium sollten der zweite und der dritte Finger die Aufpraller aber ebenfalls spüren, dürfen sie jedoch in keiner Weise behindern. Das *Ricochet* muß gleich klingen, ob der zweite oder der dritte Finger die Stange berühren oder nicht.

Sollte nach einigen Tagen dieser *Ricochet*-Übungen der kleine Finger – es kommt häufig vor – dazu neigen, «einzusinken», so kann die folgende Spannungsübung helfen. Wie bei der Vorbereitung zur *Ricochet*-Übung wird der Bogen durch Druck des vierten Fingers von der Saite gehoben; statt ihn aber durch Lösen des Drucks fallen zu lassen, senken wir ihn so sanft und *langsam* wie möglich, bis er, ohne zu zittern, ruhig zum Liegen kommt.

Saitenwechsel

Nun eine weitere Übung mit der aufgestützten Geige (vgl. Abb. 22 und 23). Wir lassen die Bogenspitze einige Augenblicke lang auf der G-Saite liegen, lassen dann den ganzen Arm in einem Stück so fallen, daß die Spitze auf die E-Saite zu liegen kommt. Dann heben wir den Bogen wieder leicht auf die Ebene der G-Saite zurück. Diese Übung soll in der Bogenmitte und am Frosch wiederholt werden, wobei der verhältnismäßig ungeübte kleine Finger seine Aufgabe, den Bogen auszubalancieren, deutlich zu spüren bekommt (schon in diesem frühen Stadium müssen wir betonen, daß der Saitenwechsel am Frosch mit dem ganzen Arm und in einem Stück ohne irgendeine unabhängige Bewegung des Handgelenks oder der Finger gemacht wird. In der Lektion 4 werden wir allerdings auch Vorteile der gestaffelten Bewegungen der Hand und des Arms beim Saitenwechsel am Frosch kennenlernen.)

Ganze Bogenstriche mit frei schwingendem Arm

Wir können jetzt die Erfahrungen mit dem frei schwingenden Arm aus der Lektion I (Abb. 18 und 19) mit unserer Fähigkeit, den Bogen ohne Versteifung zu tragen, in Einklang bringen.

Zunächst verändern wir – ohne Geige und Bogen – die Kurven, die wir in den Übungen der Lektion I beschrieben haben, gemäß unserem Gefühl für die Ebenen, auf denen sich unser Arm bewegt, wenn er wirkliche Bogenstriche macht. Wir stellen uns einen ziemlich schnellen Aufstrich vor, dem eine «schleichende» Abstrich-Bewegung in der Luft folgt. Wir beginnen mit dem ganz ausgestreckten rechten Arm und schwingen ihn kräftig nach links aufwärts, als ob wir den Bogen gegen den Frosch ziehen wollten. Diese Bewegung führen wir jedoch weit über den imaginären Frosch hinaus, bis die Knöchel der rechten Hand ungefähr auf der Höhe des linken Ohrs liegen. Wenn das Handgelenk und die Finger weich sind, finden sie sich jetzt als Verlängerung der Armbewegung nach links und hinauf gebeugt. Nun wechseln wir die Richtung und bringen den Arm in einer flachen Kurve zurück, als wollten wir die Bogenspitze auf die Saite legen. Diese Bewegung wiederholen wir ohne Unterbrechung mehrere Male. Dann machen wir die Übung nochmals, diesmal mit imaginären Abstrichen, indem wir die neue Ansatzkurve mit ganz ausgestrecktem Arm beginnen und diesen weit über den imaginären Frosch hinaus zum Drehpunkt zurückbringen.

Jetzt nehmen wir Geige und Bogen zur Hand (Abb. 22 und 23) und wiederholen die Auf- und Abstrichübungen auf jeder Saite mehrmals:

ganzer Bogen   Rückholbewegung

Beim Aufstrich vergewissern wir uns, daß der ganze Arm sanft durchzieht, das heißt, daß der Bogen einfach wie ein Flugzeug abhebt, wenn er am Frosch die Saite verläßt, und nicht hektisch in die Höhe gerissen wird. Obwohl der rechte Arm mit dem Bogen in der Hand jetzt nicht mehr ganz so weit nach links und aufwärts wandern muß wie zuvor, als wir die Übung ohne Bogen machten, sollte die «Rückreise» erst dann beginnen, wenn sich die Hand ungefähr in der Höhe der Nase befindet.

Wenn die gebogenen Finger beim Drehpunkt in der Luft das ganze Gewicht des Bogens übernehmen, sollte man eine leicht zunehmende Spannung verspüren, besonders im vierten Finger – ein ähnliches Gefühl wie beim Hebedruck in der *Ricochet*-Übung. Dieser Zustand der Hand, der jener einer «Schraubenfeder» gleicht, ist not-

50

wendig, um bei der Abstrich-Version dieser Übung den Aufprall bei der «Zwischenlandung» abzufedern. Wahrscheinlich wird man eine Anzahl verschiedener Spannungsgrade ausprobieren müssen, bevor es gelingt, mit dem Bogen sanft am Frosch zu landen und den Ton deutlich anzusetzen, ohne zu kratzen (zuviel Spannung) oder den Bogen plumpsen zu lassen (zuwenig Spannung).

Zweierlei Kraftanwendung

Beim Streichen kann die Kraft auf zwei Arten angewendet werden. Die eine, die ich den «Schlag-Prall» nenne, ist ein ganz rascher Antrieb in eine Richtung, gefolgt von einem Rückschlag in die entgegengesetzte Richtung (wie ein Ball, der von einer Wand zurückprallt). Die zweite Art ist ein verlängerter, fortgesetzter Start in nur eine Richtung (als ob man eine schwere Last einen Hügel hinaufstoßen oder -ziehen würde). Die erste Art ist wichtig für den Richtungswechsel (vom Aufstrich zum Abstrich und umgekehrt); die andere kommt zwischen den Strichwechseln in Betracht und entspricht dem eigentlichen ausgehaltenen Bogenstrich. Zunächst brauchen wir für keine dieser Übungen die Geige. Erst wenn wir die Bewegungen beherrschen, üben wir sie wieder auf dem Instrument (vgl. Abb. 22 und 23). Die Schnecke sollte jedoch wie bei den *Vorübungen mit dem Bogen* gestützt werden.

«Schlag-Prall»-Übungen

Die folgenden Bewegungen –zuerst ohne Bogen – kann man, entsprechend dem Wechsel von Abstrich zu Aufstrich und umgekehrt, in zwei Richtungen üben. Sie werden sozusagen an beiden Enden des Bogens und auf den beiden extremen Ebenen der E- und der G-Saite, mit der Hand in passender Spielstellung, ausgeführt.
Es ist ganz natürlich, daß jeder Wurfbewegung in eine Richtung eine leichte vorbereitende Bewegung in der entgegengesetzten Richtung vorangeht. Zu Beginn der folgenden Übung wird die Hand in Neutralstellung zwischen Ab- und Aufstrich gehalten, und der Bogenwurf in die Hauptrichtung wird durch eine schnelle, kurze Bewegung in die entgegengesetzte Richtung vorbereitet.

Kurzer Aufstrich, langer Abstrich

Wir machen eine schnelle Aufwärtsbewegung aus dem Handgelenk zusammen mit einem bewußten Beugen der Finger; dadurch werden die Hand und die Finger aus der Aufstrichstellung in die Abstrichstellung gebracht. Dieser Bewegung wird sofort durch den Hauptzug des Arms in den Abstrich mit der dazugehörigen Bewegung des Handgelenks entgegengewirkt.

Wenn der Unterarm zwischen zwei Strichen die Richtung wechselt, können Hand und Finger noch den ersten Strich fortsetzen, während sich der Arm bereits in die entgegengesetzte Richtung zu bewegen beginnt. Wir stellen uns vor, wir hätten unserer Schulter mit dem Handrücken einen Schlag versetzt.

Diese Übung sollte ziemlich schnell in zwei Rhythmen geübt werden.

Der zweite Aufprall oder der dritte Ton in (b) ist eine Reaktion auf den ersten – aber mit dem Unterschied, daß er kürzer ist und von selbst entsteht. Beide Male sollen alle Gelenke möglichst locker und elastisch sein, so daß die ganze Bewegung wie mit einer Peitschenschnur geschieht.

Kurzer Abstrich, langer Aufstrich

Hier erfolgt die Hauptbewegung weg von der Schulter. Alle vorher beschriebenen Bewegungen werden jetzt umgekehrt und das Schlagen geschieht gleichsam mit der Handfläche.

Hat man diese Übungen oft genug ausgeführt und das richtige Bewegungsgefühl erworben, dann versucht man sie mit dem Bogen und mit ganz lockeren Fingern zu machen, bis man allmählich die Sicherheit wachsen fühlt und jegliche Angst, man könnte den Bogen fallen lassen, verliert.

Bis jetzt haben wir die «Schlag-Prall»-Bewegungen nur in einer geraden Linie durchgeführt, aber man kann sie auch als Kreis- oder Ellipsenbewegungen machen. Das Prinzip ist dasjenige des Antriebs und der Schwungkraft, das wir in den Armübungen der Lektion 1 angewendet haben, mit nur einem Impuls für jeden Kreis. In diesem Kreis bewirkt der Schlag eine Kurve, und sein Impuls trägt die Hand, das Handgelenk und den Arm rund um den restlichen Kreis, der den Rückprall bildet.

Übungen für die gleichmäßige Kraftanwendung (Ziehen und Stoßen)

In allen folgenden Übungen ziehen wir den Bogen über den ersten Finger der linken Hand, was die Reibung der Bogenhaare auf den Saiten vorspiegelt. Beim Spielen ver-·ändert sich natürlich diese Reibung, je nach dem Armgewicht und dem Fingerdruck, die durch den Bogen auf die Saiten übertragen werden.
Nun wollen wir im einzelnen die nötigen angleichenden Bewegungen betrachten, mit denen der Bogen genau parallel zum Steg gehalten wird, und die von der Geschmeidigkeit aller Gelenke abhängig sind.

Der Abstrich
Wir beginnen aus der gebogenen Stellung am Frosch (Abb. 24). Der Oberarm und das Schulterblatt fallen zurück und ziehen den passiven Unterarm mit. Der Ellbogenwinkel bleibt beinahe konstant, bis die Bogenmitte erreicht ist und der Unterarm zu führen beginnt. Das Handgelenk senkt sich allmählich. In der Mitte des Bogens (Abb. 25) sind Handrücken, Handgelenk und Unterarm ungefähr in einer geraden Linie.
In der oberen Bogenhälfte (Abb. 26) führt der Unterarm und zieht den Oberarm nach vorn. Während sich jetzt der ganze Arm streckt, wird der Ellbogen leicht aufwärts gedreht (eine Bewegung, die vom Oberarm ausgeht), und das Handgelenk beginnt langsam unter die gerade Linie zu fallen. Die Schulter befindet sich in einer Drehung und wird direkt vom Schulterblatt aus nach vorn gezogen, als ob sie über den Bogenstrich hinausreichte. Das Handgelenk übernimmt vom Unterarm den letzten Teil des Strichs, zieht die Hand weiter und erreicht den tiefsten Punkt, wenn der Bogen an der Spitze ankommt. Schließlich beginnen ganz am Ende des Strichs die Finger in die Aufstrichstellung zu gehen.

Der Aufstrich
Wir beginnen in der ausgestreckten Stellung an der Bogenspitze (Abb. 27), und für den Anfang des Aufstrichs hebt sich das Handgelenk ein wenig. Dann führt der Unterarm und stößt den Oberarm zusammen mit der Schulter und dem Schulterblatt zurück und hinunter. Der Rücken ist locker und scheint sich während der ganzen Aufstrichbewegung seitlich auszudehnen; auch der Unterarm dreht sich vom Ellbogen aus leicht auswärts. In der Mitte des Bogens (Abb. 28) sind der Handrücken, das Handgelenk und der Unterarm in einer ungefähr geraden Linie.
In der unteren Bogenhälfte (Abb. 29) übernimmt der Oberarm die Führung. Diese

Abb. 24

Abb. 25

Abb. 26

Abb. 27

Abb. 28

Abb. 29

treibende Kraft muß ungebrochen geradewegs in den Bogen fließen, ungeachtet der wechselnden Anordnung von Handgelenk und Fingern (wenn am Handgelenk ein wirklich spitzer Winkel entsteht, wird dieser Fluß unterbrochen). Im allerletzten Teil des Aufstrichs bereiten die Finger den bevorstehenden Abstrich vor, indem sie bereits die Abstrichstellung annehmen. Die Bewegung des Schulterblatts, die eigentlich schon am Anfang des Aufstrichs beginnt, aber erst in der unteren Hälfte ausgeprägter wird, empfindet man als Ausdehnung nach rechts. Gleichzeitig sollte man ein deutliches Gefühl für die Funktion der Schulter als Gegengewicht zum sich hebenden Ober- und Unterarm haben.

Finger- und Daumenbewegungen

Sowohl beim «Schlag-Prall» als auch beim gleichmäßigen «Ziehen-Stoßen» muß man daran denken, die verschiedenen entgegengesetzten Bewegungen des Daumens und der Finger anzuwenden, die wir besprochen haben (Kombination von «Ring» und «Brücke»).

Um ein intensiveres Gefühl für das Greifen der Bogenhaare – ob sehr leicht oder fest – auf den Finger (die Saite) zu bekommen, kann man den Gegendruck in der «Brücke» auf neue Art benützen. Wir haben gesehen, wie die Pfeiler, sowohl im Ab- als auch im Aufstrich, auseinanderstreben. Im Abstrich zieht der erste Finger gegen uns, während der vierte Finger gegen die innere Seite der Stange wegstößt (Abb. 30).

Im Aufstrich findet das Spiel zwischen dem ersten und dritten Finger statt, der dritte zieht gegen uns (Abb. 31).

Damit der Bogen nicht tatsächlich gegen uns oder von uns weggleitet, ist ein Gegendruck auf die Saite notwendig, und dieser Gegendruck ist eine weitere Funktion des Bogenrollens, das wir bereits im Zusammenhang mit dem «Ring» aus Daumen und zweitem Finger erwähnt haben (Abb. 32 und 33).

Wir legen die Bogenhaare auf den ersten Finger der linken Hand, ziehen, wie vorher für den Abstrich beschrieben, mit dem ersten Finger herein und stoßen mit dem vierten Finger weg, so daß die Stange gegen uns rollt – ohne jedoch die Lage der Bogenhaare zu verändern, die flach an ihrem Platz auf dem Finger liegenbleiben. Die Stange wird durch ein Auswärtsrollen des Daumens gegen den zweiten Finger ausgerichtet.

Im Aufstrich wird die Stange diesmal vom ersten und dritten Finger weggestoßen und durch das Abwärtsrollen des Daumens gegen den zweiten Finger ausgerichtet.

Ich muß darauf hinweisen, daß wir zwar an das Stoßen und Ziehen als eine kontinuier-

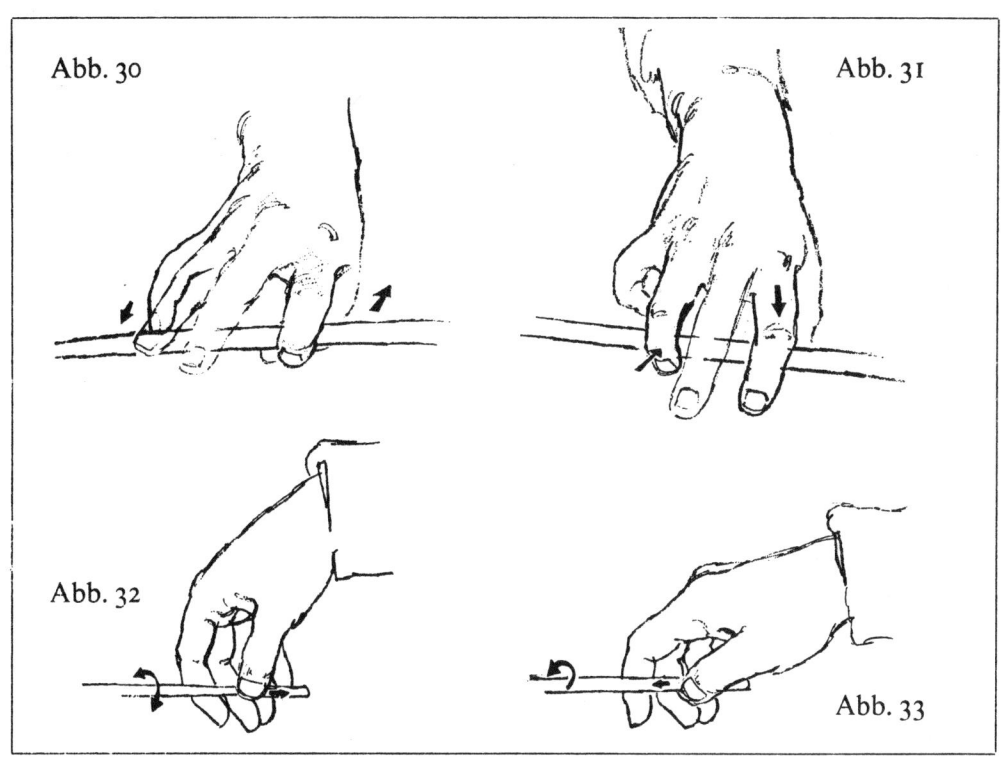

Abb. 30

Abb. 31

Abb. 32

Abb. 33

liche Bewegung über den ganzen Bogen gedacht haben, aber es ist oft nötig, dieses Stoßen und Ziehen auch in einem ganz kurzen Strich zu spüren. Umgekehrt kann der «Schlag-Prall», der normalerweise eine ganz kleine Bewegung auf einem kurzen Bogenstück ist, auch die ganze Bogenlänge in Anspruch nehmen. Wir kommen in der Lektion 4 darauf zurück.

Verbindung von gleichmäßigen «Zieh-Stoß»- und «Schlag-Prall»-Bewegungen

Wenn wir uns an das stete Ziehen und Stoßen beim Ab- und Aufstrich gewöhnt haben, sollten wir imstande sein, diese Bewegungen bei jedem Strichwechsel mit einem «Schlag-Prall» zu verbinden.

Wir beginnen zum Beispiel in der gebogenen Stellung und machen einen «Zieh-Schlag-Prall» (Abstrich), einen «Stoß-Schlag-Prall» (Aufstrich), dann wieder einen «Zieh-Schlag-Prall» (Abstrich) und so weiter. Man bekommt am besten das Gefühl dafür, wenn man sich eine Achter-Figur vorstellt, obwohl beim Geigenspiel meistens nur eine Andeutung davon übrigbleiben wird.

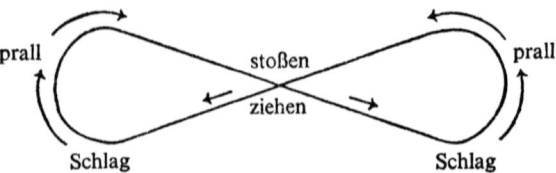

Die musikalische Wirkung dieser Bewegung ist das folgende rhythmische Schema:

Geringste Anstrengung und Grundhaltung des Bogens

Wir haben uns jetzt eine Zeitlang auf die Kraft, das Tempo und auf viele kleine Einzelheiten des Fingerdrucks beim Antrieb und bei der Schwungkraft konzentriert; wir sollten aber immer wieder – gewissermaßen als «Gegengift» – zum schwebenden Zustand der geringsten Anstrengung, zum Ausgangsstrich oder «Nullpunkt» zurückkehren, bei dem der Bogen von der rechten Hand allein getragen wird.
In diesem Stadium wird uns die allgemeine Verantwortung der Hand beim Ausbalancieren des Bogens und auch die wichtige Funktion des Oberarms und der Schulter beim Tragen des Bogengewichtes während des Strichs in der Luft am ehesten bewußt.
Denken wir auch daran, daß es eine Grundhaltung des Bogens gibt, zu der wir immer zurückfinden sollten – jene, die wir zu Beginn dieser Lektion beschrieben haben. Der Daumen, der stets gerundet (gebogen) ist, zeigt mit dem Gelenk gegen die Bogenspitze – ob er jetzt im Abstrich den Stock im Uhrzeigersinn rollt oder im Aufstrich in die entgegengesetzte Richtung, in seiner Grundhaltung drückt er immer gegen die Stange. Alle anderen Bewegungen, die zum Abstrich oder Aufstrich gehören, sind dieser Grundhaltung untergeordnet. Wenn wir große Geschmeidigkeit der Gelenke

entwickelt haben, müssen wir uns vor Übertreibung der Bewegungen hüten – sie werden jetzt im wesentlichen beinahe unsichtbar und nur innerlich spürbar sein, besonders jene, die mit den Fingern der rechten Hand zusammenhängen. Man muß daran denken, daß die Finger der rechten Hand selbst fast nie Bewegungen in Gang setzen, sondern vielmehr die Impulse übertragen, die von den größeren Gelenken ausgehen.

Wir brauchen diese Übungen, um Beweglichkeit und Koordination der verschiedenen Bewegungen zu erreichen, doch nachdem wir tausend Übungen gemacht haben, müssen wir die «Grammatik» mit allen Regeln und Ausnahmen vergessen und wieder zur grundlegenden, geschmeidigen und federnden, aber möglichst ruhigen Bogenhaltung zurückkehren.

Natürlich braucht man beim Geigenspiel nicht bloß diese beiden Extreme (das Tragen des Bogens in der Luft oder das Aufsetzen mit voller Kraft auf die Saite), sondern auch unzählige dazwischenliegende Schattierungen. Damit der Geiger allen ausdrucksmäßigen und technischen Anforderungen der Musik zu genügen vermag, muß er nicht nur diesen ganzen Bereich beherrschen, sondern auch jederzeit und unter allen Umständen beliebig von einem Extrem zum andern wechseln können.

Wir wollen diese Lektion mit einer weiteren Reihe von ganzen Bogenstrichen – schnellen und langsamen – abschließen, doch diesmal ohne Stütze und Hilfe der linken Hand. Denken wir daran, daß die rechte Hand so weich wie möglich bleiben muß, ohne den Bogen zu verlieren, und daß der charakteristische Klang der Geige ausdrucksvoll und melodisch ist – eine *Legato*-Linie, die durch gleichmäßige Bewegungen des Bogens die Illusion eines einzigen, ununterbrochenen Tones hervorbringen kann.

Lektion 3
Vorübungen – linke Hand

Allgemeine Fehler beim Halten der Violine

Wir sprechen vom Halten der Violine, aber das Wort «halten», das die Vorstellung eines festen, statischen Griffs einbezieht, kann irreführen. Wir müssen daran denken, daß der Geiger im Gegensatz zum Pianisten oder Cellisten, deren Instrumente auf dem Boden stehen, seine Violine ohne Hilfe selbst tragen muß. (Er kann auch nicht hinter seinem Instrument Schutz suchen wie die Musiker mit den großen Instrumenten!) Dazu kommt, daß die Art, wie er seine Geige hält, ihm größte Bewegungsfreiheit über das ganze Griffbrett gestatten muß; überdies müssen die Bewegungen der linken Hand mit jeder erdenklichen Bewegung der rechten Hand in Einklang gebracht werden. Wie schon beim Bogen ist auch beim Halten der Geige ein gut entwickeltes Gefühl für Ausgewogenheit und Geschmeidigkeit als Basis, auf der man später Kraft und Leistung aufbauen kann, weitaus gesünder, als eine Haltung, in der das Instrument zwischen Schulter und Kopf eingeklemmt oder krampfhaft mit dem Daumen und dem ersten Finger der linken Hand festgehalten wird.

Der Daumen wird auf der Geige ganz anders gebraucht als auf dem Klavier. (Der Pianist muß seinen Flügel schließlich nicht stützen.) Der Geiger muß sein Instrument wohl oder übel tragen und den Bogen halten, und er muß lernen, den Daumen zwischendurch immer wieder zu entspannen. Es ist besonders wichtig, daß der Geiger den Daumenhalt lockern kann, da das Klemmen des Daumens gegen die Finger die Freiheit seiner Bewegungen behindert.

Beim Klavierspiel wird der Daumen wie die anderen Finger behandelt, und immer wenn er nicht spielt, wenn er keine Taste hinunterdrückt, ist er entspannt. Deshalb ist das Klavierspielen um so viel leichter. Erst wenn wir gelernt haben, den Daumen locker und beherrscht zu gebrauchen, werden wir beim Violinspiel unser Bestes leisten. Ich lege deshalb größten Wert darauf, daß der Schüler lernt, wie man den Daumen entwickelt und benützt.

Die Haltung

Es gibt nur zwei Ausgangspunkte für das Tragen der Geige: einen passiven – das Schlüsselbein, das ein einigermaßen fester Punkt ist (die Geige wird auf dem Schlüsselbein bewegt) – und einen aktiven – die linke Hand, die entweder ständig in Bewegung ist oder bereit, sich zu bewegen (die Hand bewegt die Geige). Der leichte Druck (das Gewicht) des Kopfs auf dem Kinnhalter hindert die Geige daran, aus dem Fach des Schlüsselbeines abzurutschen.

Der Ansatzpunkt des Arms an der Schulter ist somit jeder Verpflichtung enthoben, die Geige zu stützen, und sollte in normaler, lockerer Stellung bleiben – so kann der Geiger beim Spielen eine entspannte Haltung einnehmen; wir vermeiden es dadurch auch, die linke Schulter zu krümmen – eine Angewohnheit vieler Geiger, die nicht nur häufig Ursache beträchtlichen Unbehagens und starker Schmerzen ist, sondern auch die freie Beweglichkeit des Arms und der Finger behindert.

Es ist von Vorteil, auf Schulterkissen und Schulterstütze zu verzichten, da eine solche Stütze die Schulter in ihrer Bewegungsfreiheit einschränkt und eine «eingeklemmte» Schulter wie «eingefroren» ist. Für Geiger, die einen langen Hals haben und deren Schlüsselbein nicht sonderlich ausgeprägt ist, kann eine Schulterstütze oder ein zusammengefaltetes Tuch sehr bequem sein, darf aber in jedem Fall nur ganz leicht und ohne jeglichen Druck berührt werden.

Damit die Geige so gehalten werden kann, wie ich es im folgenden beschreibe, ist es nützlich, einen Kinnhalter mit ziemlich vorstehender Kante zu haben. Das Carl-Flesch-Modell ist gut ausgedacht, allerdings ist die Wahl der Kinnstütze meistens sehr persönlich.

Das Halten der Geige

Kopf- und Schlüsselbeinhaltung

Man klemmt die Geige zuerst zwischen Kopf und Schlüsselbein und läßt sie hängen (Abb. 1); beide Arme hängen seitlich lose hinunter. Die Geige wird sich schräg abwärts senken und durch das Gewicht des Kopfs und einen Rückwärtszug des Kinns auf den Kinnhalter am Abgleiten gehindert werden. Natürlich muß der Kopf, solange die linke Hand unbeteiligt bleibt, mehr leisten, aber diese Bewegung (erinnern wir uns an die Kopfbewegung «wie ein Huhn» aus der ersten Lektion) wird beim Wechseln in tiefere Lagen sehr wichtig sein. Auch wenn sie hängt, wird die Geige die

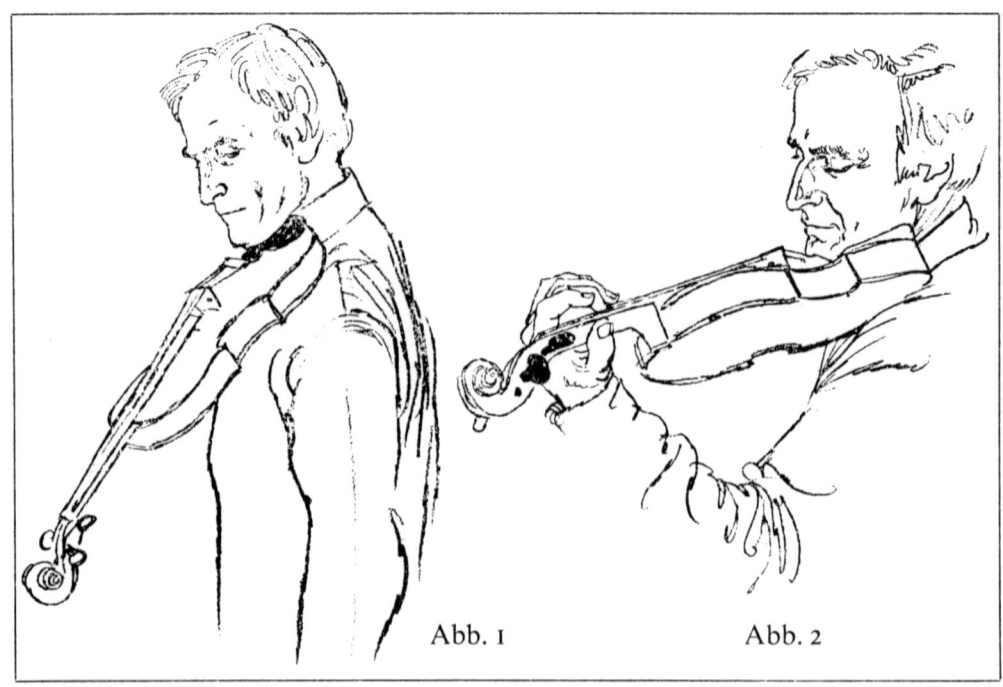

Abb. 1 Abb. 2

Schulter nicht wirklich berühren, diese soll sich, völlig locker und frei, unabhängig vom Instrument bewegen können.

Jetzt legen wir die Kuppe des linken Daumens an die Seite des Geigenhalses und den zweiten Finger auf die A-Saite in der Mitte des Geigenhalses (Abb. 2). Das Zurückziehen des Kopfs ist nun nicht mehr erforderlich, und er liegt jetzt leicht auf dem Kinnhalter und berührt ihn gerade nur so, daß die Geige nicht vom Schlüsselbein abgleiten kann. Jetzt heben wir sie, bis sie ungefähr parallel zum Fußboden ist (vielleicht noch eine Spur höher) und passen den Kopf dem neuen Winkel des Instruments an, indem wir ihn einen Augenblick lang vom Kinnhalter wegheben und neu aufsetzen. Die Schulter bleibt frei hängen, so daß ihre Entfernung zur Geige jetzt am größten ist.

Diese Übung hilft uns vor allem, das Gefühl dafür zu bekommen, wie die Violine zwischen Kopf und Schlüsselbein gehalten werden muß.

Das Stützen mit der linken Hand (zuerst ohne Instrument)
Befassen wir uns nun eingehender damit, wie wir das Instrument mit der linken Hand

Abb. 3

Abb. 4

stützen können. Wir legen zunächst das ganze Gewicht des linken Arms auf die rechte Hand, wobei der rechte Daumen in die linke Handfläche zu liegen kommt (Abb. 3). Die linke Hand sollte etwa in gleicher Höhe und in einem Abstand von ungefähr 30 cm gegenüber der linken Schulter gehalten werden. Der Arm hängt ganz locker und kann wie ein Pendel geschwungen werden. Das Handgelenk liegt mit der Hand und dem Arm in einer geraden Linie.

Jetzt lassen wir den Arm allmählich mit möglichst kleiner Anstrengung sein Gewicht selbst tragen, ohne die natürliche Hängestellung des Ellbogens zu verändern; dies ist die Grundstellung, aus der wir arbeiten werden. Finger und Daumen sind weich und gerundet.

Daumen-Übung

Wir benützen den ersten Finger der rechten Hand als Ersatz für die Violine und legen ihn auf die Kuppe des linken Daumens, wobei wir das obere Daumenglied ein wenig nach links schieben, bis es ganz vertikal steht. Die Daumenkuppe liegt jetzt schräg,

63

und wenn der erste Finger sanft hinunterdrückt, kann er sie als stützendes Kissen benützen (Abb. 4). Abwechselnd wendet man Druck an und läßt wieder nach – der Daumen kehrt bei Nachlassen des Drucks in seine ursprüngliche geradere Stellung zurück, doch sollte sein oberstes Glied automatisch senkrecht bleiben. Diese Biegsamkeit des Daumens ist der Schlüssel zur Haltung und Schmiegsamkeit der linken Hand und beeinflußt außerdem den Winkel und die Höhe der Knöchel. Jetzt sollten wir imstande sein, mit der Geige die erste Übung im Halten der Violine in veränderter Form zu wiederholen, und zwar konzentrieren wir uns jetzt auf die Stützung mit der linken Hand.

Wir halten die Violine zwischen dem Kopf und dem Schlüsselbein. An der Schnecke lassen wir sie von jemandem stützen oder lehnen sie leicht gegen eine Wand. Wie bei der ersten Übung lassen wir beide Arme zuerst hängen und bringen dann den linken Arm in Spielstellung, ohne die Weichheit des Arms oder das Hängen der Schulter zu beeinträchtigen. Heben wir den Arm von der Seite weg, so wird die Schulter vom Oberarm, der nun mehr horizontal gehalten ist, stärker zurückgeschoben und hängt noch stärker hinunter. Ich möchte, daß man diese Neigung schon jetzt spürt, obschon sie noch wichtiger sein wird, wenn wir uns in unserer Haltung zu bewegen beginnen. Den Kopf lassen wir leicht auf dem Kinnhalter ruhen.

Ganz allmählich ersetzen wir die äußere («fremde») Stützung der Geige durch unseren eigenen linken Daumen; das Gewicht des Instruments macht jetzt aus der Daumenkuppe sein Tragkissen, so wie es zu Beginn der Übung der erste Finger der rechten Hand getan hat (Abb. 5). Das obere Daumenglied steht jetzt beinahe, wenn auch nicht ganz, vertikal. Hat man diese ziemlich heikle Balance einmal hergestellt, so spürt man, daß ein Druck auf das Griffbrett die Geige keineswegs zum Weggleiten bringt, sondern im Gegenteil ihre Haltung durch die Reibung sichert. Geiger mit einem allzu «beweglichen» (schwachen) Daumen, denen diese Übung schwerfällt, sollten unbedingt durchhalten, denn mit dieser Methode kann man das «Handicap» überwinden.

Die «goldene Mittelstellung»

Ich habe bereits erwähnt, daß die Finger weich und gerundet sein sollen, der Ellbogen hängend, das Handgelenk gerade, und habe betont, wie wichtig Biegsamkeit und Verläßlichkeit der Daumenstütze sind. Nun müssen wir die Finger über die Saiten bringen, und zwar durch leichtes Drehen des Unterarms (mit der dazugehöri-

Abb. 5

Abb. 6

Abb. 7

65

gen Einstellung des hängenden Ellbogens), bis die Knöchel beinahe parallel zum Griffbrett verlaufen. Man versucht diese Bewegung und nimmt wahr, daß sich die Finger – sie bleiben immer noch weich und gebogen – voneinander entfernen, wenn sie über die Saiten gebracht werden, und daß der Daumen mit jedem Finger eine Rundform bildet, wie bei der rechten Hand am Bogen. Diese Rundform wird erreicht, wenn man mit der leichten Drehung des Unterarms die Wurzel des ersten Fingers vom Geigenhals weg und die des vierten Fingers näher daran bringt, ohne die Form und den Berührungspunkt des Daumens zu verändern. Nur so werden alle Finger, sogar der kürzere vierte Finger, gerundet und in ständiger Bereitschaft sein, mit minimaler Veränderung der Normalstellung zu jeder Saite auf dem Griffbrett zu wechseln. Dies ist die «goldene Mittelstellung», die so vollkommen ausbalanciert und so entspannt sein soll, daß sie mühelos nach allen Richtungen die gleiche Bewegungsfreiheit gestattet (Abb. 6 und 7).

Damit man mit ebensowenig Haltungsänderung, vorbei an der Nase der Geige, das Griffbrett hinauf- und hinunterwandern kann, müssen die Knöchel im Verhältnis zum Griffbrett in einer Höhe liegen, die eine ununterbrochene Bewegung bis zur höchsten Lage zuläßt. Die folgenden Übungen, die von der Beweglichkeit des Daumens und der Weichheit aller seiner Gelenke, vor allem des Grundgelenks, abhängen, werden uns helfen, diesen Idealzustand zu erreichen.

Übungen für die Beweglichkeit in der Haltung, besonders für die Biegsamkeit des Daumens

In der normalen Spielstellung ist der Daumen gebogen; je mehr er gebogen ist, desto höher liegen natürlich die Knöchel über dem Griffbrett. Man muß wissen, daß man den Daumen nicht bewußt beugt, sondern daß diese Beugung durch die Weichheit des Daumens zustande kommt, die dem Gewicht der Geige nachgibt (wie der erste Finger der rechten Hand in einer früheren Übung). Zunächst zwei Übungen in *lateraler* Richtung.

Übung 1
Wir halten die Geige so, daß sich die Finger über dem Griffbrett befinden, ohne die Saiten zu berühren. Nun bewegen wir das Nagelglied des Daumens hin und her und halten dabei den Arm, das Handgelenk, die Hand und den Daumenballen bewegungslos, aber weich. Die Geige bewegt sich mit dem Daumen von einer Seite zur andern.

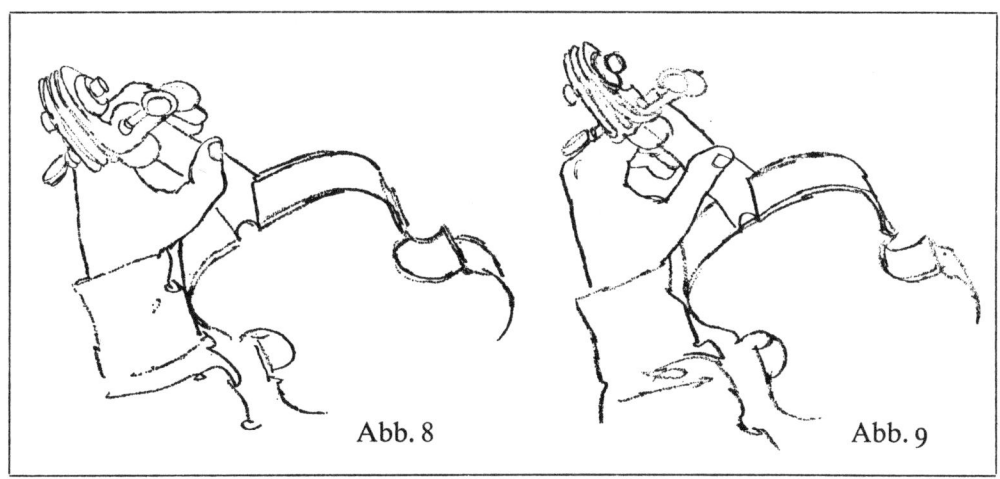

Abb. 8   Abb. 9

Diese Veränderung des Winkels des Nagelglieds wird beim Lagenwechsel gebraucht werden (Abb. 8 und 9).

Übung 2

Dies ist eine schwierigere Variation, die man schon jetzt versuchen kann; sie wird uns aber erst dann leichter fallen, wenn wir spätere Übungen gemacht haben. Wir beginnen in der gleichen Stellung, setzen einen Finger, sagen wir den zweiten, auf irgendeine Saite und heben den Kopf aus dem Kinnhalter. Nun schaukeln wir die Geige nur mit dem Finger und dem Daumen – nach rechts, indem wir mit dem Finger stoßen, während sich der Daumen beugt, und nach links, indem wir mit dem Finger ziehen, während sich der Daumen streckt (Abb. 10 und 11).

Jetzt zwei Übungen in *vertikaler* Richtung. Bei der ersten bewegt man den Arm wie ein Pendel und hält die Geige dabei ruhig; bei der zweiten bewegt man die Geige, und der Arm bleibt ruhig.

Übung 3

Wir beginnen wie bei der ersten Übung; die Hand ist in der höchsten Stellung und der Daumen gebogen. Jetzt schwingen wir den Ellbogen weit genug nach links, bis das untere Daumenglied, in einer geraden Linie mit dem oberen, beinahe lotrecht zum Fußboden liegt; diese Bewegung bringt auch die Finger vom Griffbrett weg und die

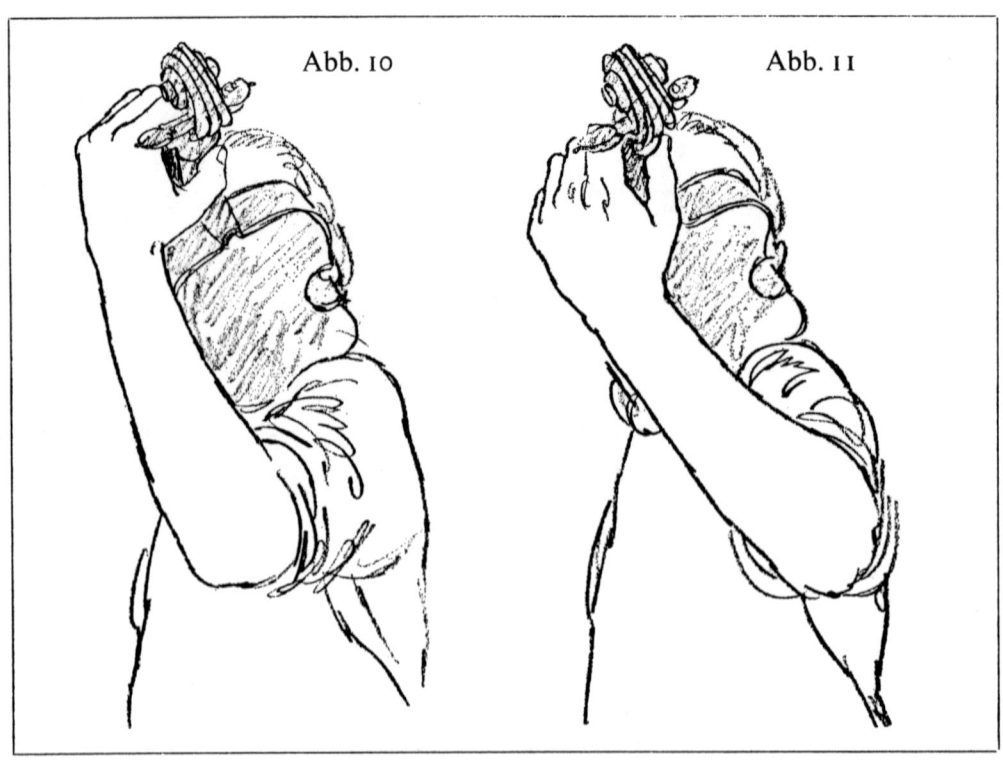

Abb. 10   Abb. 11

Knöchel entsprechend tiefer. Dann schwingen wir den Ellbogen zurück in seine Ausgangsstellung. Durch diese Bewegung biegt sich der Daumen, und die Knöchel heben
sich wieder in ihre höchste Stellung über dem Griffbrett. Wir wiederholen diese
Schwingungen mehrere Male und achten darauf, daß sich das Nagelglied des Daumens
im Prinzip nicht bewegt. Diese Übung ist das Gegenteil der ersten, bei der sich nur
das Nagelglied bewegt hat, während der restliche Daumen und der Arm ruhig blie-
ben. Hier ist es wieder vorteilhaft, von der Höhe aus zu arbeiten, denn der Lagenwechsel und das *Vibrato* werden durch die Leichtigkeit der Handbewegungen verbessert.

Übung 4
Man beginnt wieder wie vorher, doch anstatt mit dem Ellbogenschwung den Daumen in eine gerade Linie zu bringen, bleibt der Ellbogen diesmal in seiner hängenden

Stellung, und der Daumen streckt sich von selbst, bis er gerade ist und die Geige mithebt, so daß die Knöchel nun in ihrer tiefsten Stellung sind, obwohl sie sich nicht wirklich bewegt haben. Jetzt entspannen wir den Daumen, so daß ihn das Gewicht der Geige wieder in seine gebogene Haltung zurückbringt. Diese Übung ergänzt die dritte Übung, der Daumen streckt sich jetzt aus eigener Kraft und nicht durch den Armschwung. Die Hauptsache bei dieser Übung ist das Lockern und nicht das Strecken des Daumens. Obwohl das Nagelglied sich auf und ab bewegt, bleibt der Winkel des Daumens wie in Übung 3 unverändert.

Die Finger kommen dazu – ihre Bewegung und Geschmeidigkeit

Jetzt machen wir die beiden letzten Übungen nochmals, nehmen aber einen Finger nach dem andern dazu. Man macht jede Übung auf der A-, der D- und der G-Saite, und zwar auf mindestens drei verschiedenen Teilen des Griffbretts – etwa unterhalb, auf der Höhe und oberhalb der Nase. Bei allen Übungen ist es am leichtesten, wenn man mit dem zweiten Finger beginnt und dann den dritten, den vierten und den ersten Finger (in dieser Reihenfolge) drannimmt. Es ist besonders wichtig, von Anfang an in allen Übungen mit dem vierten Finger zu arbeiten.

Wir erinnern uns, daß die Armdrehung, welche die Finger auf das Griffbrett bringt, diese auf natürliche Art und ohne Verkrampfung auseinanderschiebt. Dies ist wichtig, denn die Finger dürfen nie aneinander anliegen; nur wenn sie wirklich getrennt sind, kann jeder einzelne unabhängig vom andern arbeiten. Daher ist es wesentlich, daß alle Knöchel im gleichen Winkel (beinahe parallel zum Griffbrett) liegen, sowohl während man mit dem ersten als auch wenn man mit dem vierten Finger arbeitet. Mit andern Worten: die leichte Unterarmdrehung sollte bei allen Übungen und auch beim Spielen zur unbewußten Gewohnheit werden und damit jeder Neigung der Hand und der Finger, sich vom Griffbrett zu entfernen, wenn der vierte Finger unbeschäftigt ist, entgegenarbeiten. Diese Eindrehung des Arms ergibt sich bei jedem nach rechts gerichteten Ellbogen- oder, wie ich ihn gern nenne, «Pendel»-Schwung von selbst.

Übung 3 (Wiederholung)
Wir setzen den zweiten Finger im Flageolettgriff (das heißt, die Saite wird nicht ganz hinuntergedrückt) auf die A-Saite, ein wenig oberhalb des Daumens, so daß dieser dem ersten Finger gegenüberliegt (seine Normalstellung). Die Saite sollte schräg unter

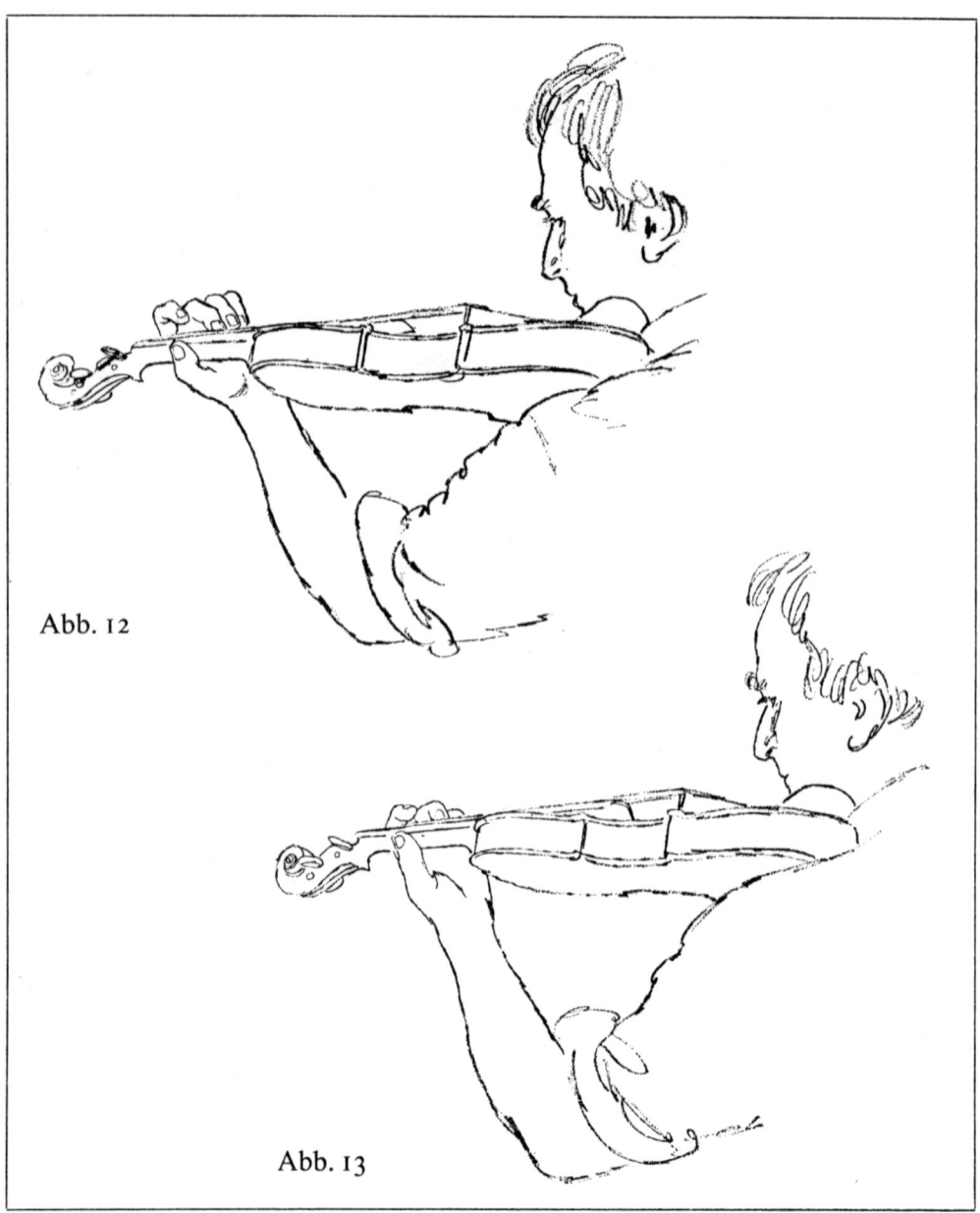

Abb. 12

Abb. 13

der weichen Kuppe der Fingerspitze liegen. Da der Daumen gebogen ist, befinden sich die Knöchel in ihrer höchsten Stellung, und deshalb steht der zweite Finger, wenn auch nicht ganz senkrecht, so doch in seinem steilsten Winkel zum Griffbrett (Abb. 12). In dieser Stellung bilden wir den größten Zwischenraum zwischen den Fingern selbst und im Ring zwischen Daumen und zweitem Finger (oder jedem Finger, der auf der Saite liegt) – und deshalb auch den größten Zwischenraum zwischen dem Geigenhals und der Wurzel des ersten Fingers, sowie – was grundlegend ist für alle späteren Übungen und für meine Methode – den maximalen Zwischenraum zwischen Schulter und Violine.

Je geschmeidiger das linke Daumengelenk beim Halten der Geige ist, desto natürlicher wird der Ellbogen nach rechts hinaufschwingen. Wir dürfen niemals vergessen, wie wichtig die Elastizität des linken Daumens ist.

Wie in der dritten Übung schwingen wir jetzt den Ellbogen nach links. Das Nagelglied des Daumens und das des zweiten Fingers sollten in einem konstanten Winkel zum Griffbrett bleiben. Wenn die beiden Daumenglieder durch den Ellbogenschwung in eine gerade Linie gebracht werden und sich dadurch gleichzeitig die Knöchel senken, wird der zweite Finger in seinen Gelenken (Abb. 13) gebeugt. Schwingt der Ellbogen zurück und nach rechts, dann biegt sich der Daumen hinauf und die Finger werden sich strecken. Das Handgelenk soll zwar weich bleiben, doch mit dem Unterarm und dem Handrücken in einer geraden Linie, die bis hinauf zu den Fingerwurzeln in der hohen Stellung und zu den Mittelgelenken der Finger in der tiefen Stellung reicht. So hängt alles von der Elastizität des Daumenwurzelgelenks ab. Die Hauptwirkung des Ellbogenschwungs besteht darin, die Finger über die verschiedenen Saiten zu bewegen.

Koordination der Schulterbewegungen mit den Armbewegungen

Beim Violinspiel muß die Schulter immer frei sein und auf jede Armbewegung reagieren können. Es erinnert an eine «Wippe»: wenn der Ellbogenschwung nach rechts die Hand hochhebt, fällt die Schulter, und wenn der Ellbogenschwung nach links die Hand hinunterzieht, kehrt die Schulter in ihre etwas höhere, aber doch lockere Stellung zurück. Die natürliche Schulterbewegung ist ganz klein – sie darf nie mühsam oder übertrieben sein. Je höher die Geige liegt, desto tiefer ist die Schulter. Ich habe den freien Ellbogenschwung nach rechts absichtlich mit dem Aufwerfen der Hand,

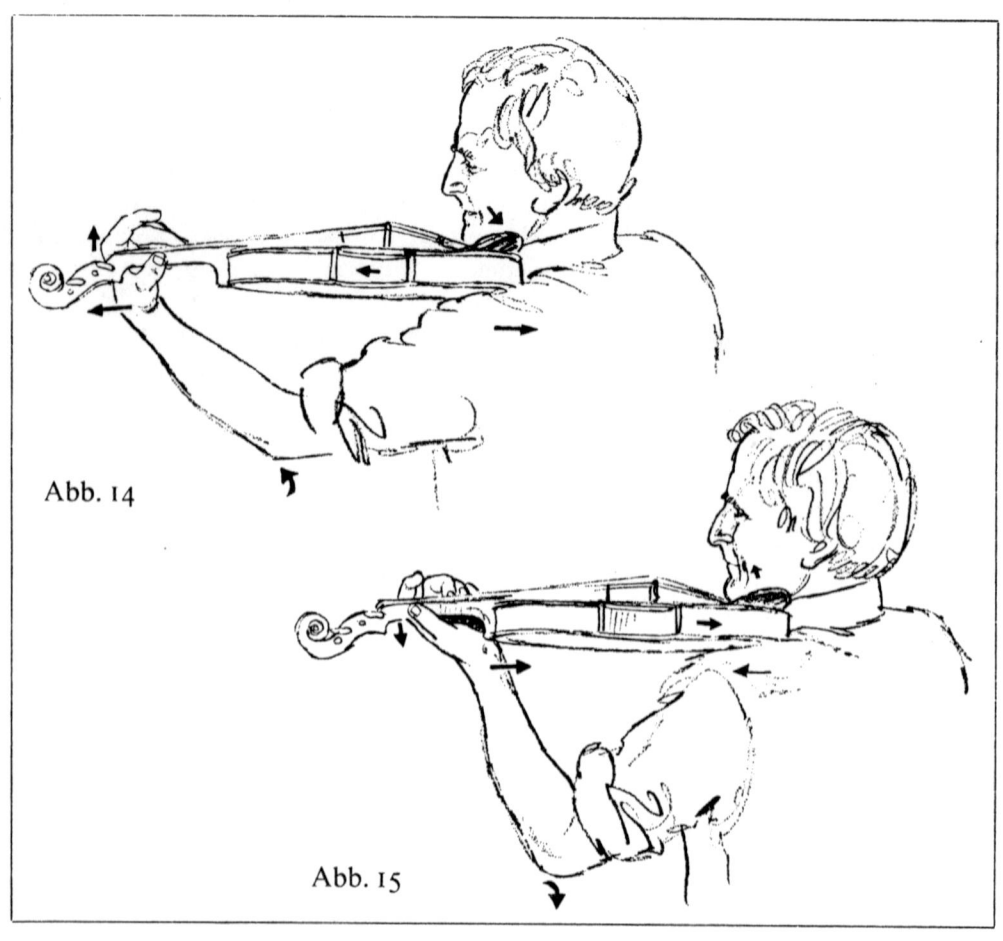

Abb. 14

Abb. 15

das heißt mit vorgeschobenem Handgelenk, verbunden (Abb. 14) und den Schwung nach links mit einer Einwärtsbewegung des Handgelenks, welche die Hand sozusagen gegen den Körper des Spielers oder gegen den Steg der Geige wirft (Abb. 15). Diese schwingende Bewegung führt direkt zum *Vibrato*. Sie geht nicht über eine lange Strecke auf dem Griffbrett, sondern ist eher eine Drehbewegung an Ort als eine weite und tragende Bewegung (Abb. 16). Dies ist leicht zu verstehen, wenn man beachtet, daß sich der Ellbogen in die eine Richtung bewegt und die Hand in die andere. Schwingt der Ellbogen nach links, wird die Hand gegen den Steg geschwungen und umgekehrt.

Ich habe mich auf diesen Grundreflex konzentriert, weil er die ausbalancierte Haltung und auch die ausbalancierte Hand auf der Geige zur Geltung bringt, doch muß ich schon jetzt betonen, daß es absolut möglich ist, die Handbewegung gegen den Steg mit einem freien Ellbogenschwung nach rechts zu beginnen, der ins Handgelenk übergeht und die Hand nach vorn wirft (wie in Abb. 17 übertrieben dargestellt).
Ebenso kann man mit einem tieferen Linksschwung die Hand nach hinten gegen die Schnecke werfen. Die Anwendung dieser beiden einander ergänzenden Bewegungen hängt von der Richtung und der Schwungkraft der rechten Hand ab. So ist es in einem Abstrich natürlicher, in eine höhere Lage, das heißt gegen den Steg, mit einem Ellbogenschwung nach rechts zu wechseln (Abb. 17). Beim Aufstrich hingegen beginnt man diesen Lagenwechsel besser mit einer Ellbogendrehung nach links (Abb. 16).

Übung 4 (Wiederholung)
Mit dieser Übung sollen die verschiedenen Bewegungen des Daumens und der Finger koordiniert und außerdem die Geschmeidigkeit des Daumens weiterentwickelt werden.

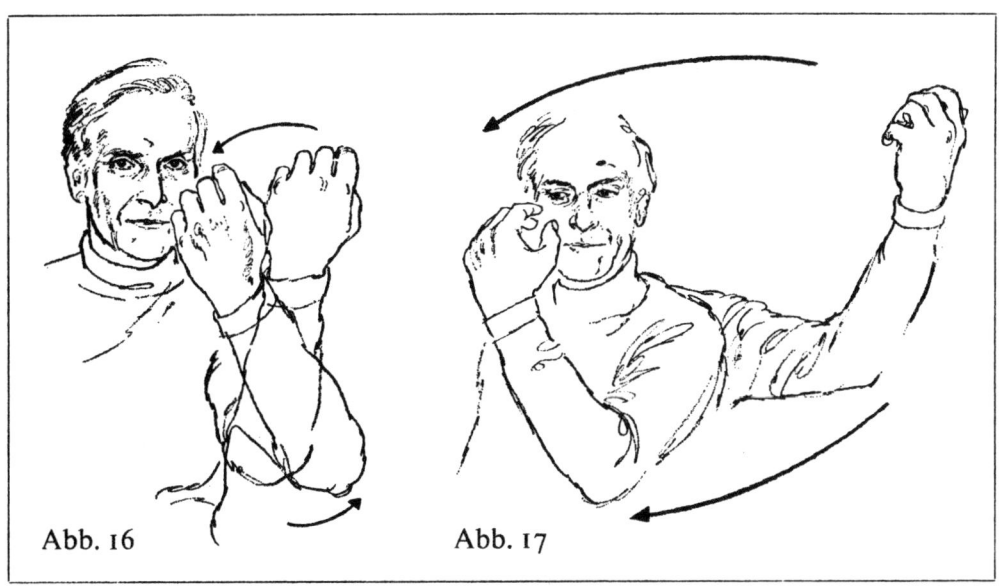

Abb. 16   Abb. 17

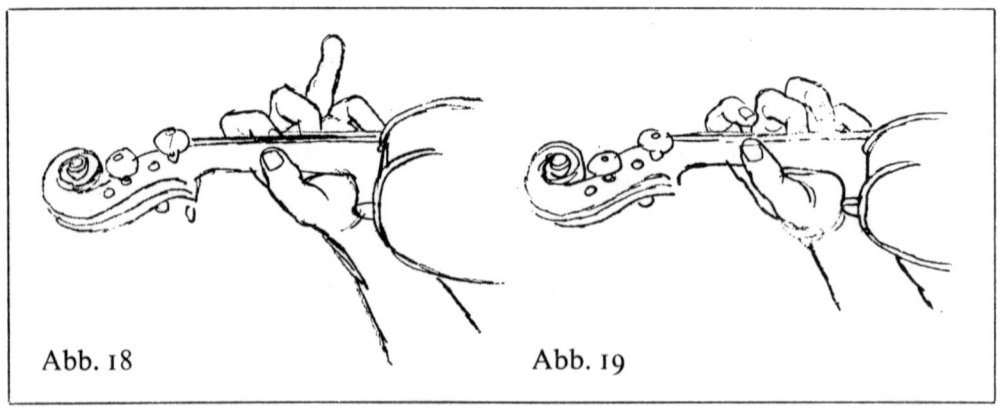

Abb. 18   Abb. 19

Wir beginnen mit einem Finger auf einem Flageolett-Ton. Ohne die Handstellung oder den hängenden Arm zu verändern, heben und senken wir die Geige nur mit dem Daumen, der aufwärts stößt und den wir nachher wieder in seine gebeugte Stellung fallen lassen. Wenn sich der Daumen streckt, beugt sich der Finger und umgekehrt, aber das Nagelglied des Daumens und das des Fingers bleiben dabei in einem unveränderten Winkel zum Griffbrett.

Hebebewegung der Finger

Wir setzen alle Finger leicht wie fürs Flageolett auf eine Saite. Jeder Finger ist gerundet, weich und vom Nachbarn getrennt. Ohne die drei anderen Finger zu stören, heben wir jeden einzelnen so hoch und so schnell wie möglich auf – manchmal gestreckt, öfter aber gerundet – und lassen ihn dann sanft in die Flageolettstellung zurückfallen. Diese Bewegung wiederholen wir mehrere Male und achten darauf, daß wir die Hand nicht spannen (Abb. 18 und 19).
Wir üben zunächst mit aufeinanderfolgenden Fingern, dann in beliebiger Reihenfolge und schließlich mit mehreren Fingern gleichzeitig. Außerdem üben wir auf jeder einzelnen Saite und zum Schluß mit je einem Finger auf sämtlichen Saiten. Vergessen wir nicht, daß wir uns beim Geigenspiel ebensosehr auf die Hebe- wie auf die Fallbewegung der Finger konzentrieren müssen. Wenn wir später ein Musikstück spielen, sind dann die physiologischen Voraussetzungen dafür gegeben, die Hebebewegung der Finger einzuschränken, ohne daß die Klarheit der Töne darunter leidet.

Der Druck

Beim Violinspiel darf das Wort «Druck» ebensowenig mit «Verkrampfung» in Zusammenhang gebracht werden wie das Wort «halten» mit «zupacken».
Wenn wir die Fingerspitzen beider Hände gegeneinander legen, können wir auf zwei Arten Druck anwenden. Entweder pressen wir die Arme gegeneinander und ziehen uns dadurch in uns zusammen, oder wir erweitern den ganzen Kreis, den die Hände, die Arme, die Schultern und der Rücken bilden. Je mehr wir die Fingerspitzen gegeneinander drücken, desto größer wird der Kreis. Dieses Prinzip gilt für jede Gegenüberstellung, auch der von Finger gegen Daumen usw.
In der linken Hand beobachten wir folgende Bewegungen und Empfindungen: Wir halten die Geige zuerst in der üblichen hohen Stellung und setzen den zweiten Finger im Flageolett auf die A-Saite. Um festzustellen, wieviel bzw. wie wenig Anstrengung für das Herunterdrücken der Saite erforderlich ist, wenden wir allmählich genügend Druck an, daß die Saite das Griffbrett berührt. Wenn wir die Saite abwechselnd sanft hinunterdrücken und wieder ins Flageolett loslassen, spüren wir, wie sich die Innenhand ausdehnt. Dies geschieht, weil sich gleichzeitig mit dem Niederdrücken des Fingers, oder – genauer gesagt – infolgedessen die Knöchel noch mehr heben. Zu diesem Heben bewegt sich der Ellbogen ein wenig nach rechts, während die Schulter zurückfällt. Diese Bewegungen erinnern an die früher erwähnte «Wippe». Sie verlaufen beim Loslassen des Fingers in die umgekehrte Richtung. Der Druck des Fingers auf die Saite muß absolut vertikal erfolgen, damit die Saite nach keiner Richtung verschoben wird.
Wir haben zuerst den Finger bei jedem Loslassen ins Flageolett zurückgenommen, jetzt üben wir, den Finger immer ganz von der Saite wegzunehmen. Sobald er die Saite wieder berührt, lassen wir ihn das Flageolett genau spüren, bevor wir ihn ganz auf die Saite hinunterdrücken. Wichtig ist, daß bei allen Übungen die unbeschäftigten Finger weich bleiben, einander nicht berühren und sich nicht zum Spielfinger neigen. Sie sollten nahe über der Saite liegen und alle ungefähr auf gleicher Höhe bleiben.
Nachdem wir mit jedem Finger einzeln gearbeitet haben, versuchen wir, immer zwischen verschiedenen Fingerpaaren und zum Schluß zwischen allen einzelnen Fingern in beliebiger Reihenfolge abzuwechseln.
Man kann auf zwei Arten üben:
1. Während man den Finger, der zuerst auf die Saite drückt, ins Flageolett zurückhebt, setzt man gleichzeitig den nächsten Finger aufs Flageolett. Dann drückt man diesen hinunter und hebt gleichzeitig den ersten wieder auf. Auf diese Weise fallen

beide gleichzeitig aufs Flageolett und verlassen es gleichzeitig, aber aus und nach verschiedenen Richtungen.

2. Der Finger, der zuerst hinunterdrückt, wird ganz von der Saite aufgehoben, bevor sich der nächste Finger der Saite nähert.

Der Hauptunterschied zwischen den beiden Übungen besteht darin, daß in der ersten beide Finger zwischen jeder Druckanwendung auf dem Flageolett liegen, während sie in der zweiten aufgehoben werden. Beide Male ist es jedoch sehr wichtig, daß sich die Finger zwischen jedem Druck völlig entspannen. Wie schon zu Beginn dieser Lektion erwähnt, ist die Lockerung der Finger eine der Hauptregeln des Geigenspiels.

Vergessen wir dabei nicht die Bewegungen der Hand, des Arms und der Schulter, die jeden Druck der Finger begleiten müssen. Auch darf sich der Winkel, in dem das Nagelglied zum Griffbrett steht, durch das Anheben der Knöchel nicht verändern, und die Fingerspitze muß in ihrer Mitte die Saite berühren; auf diese Weise haben wir die Gewähr, daß sich die Saite in keiner Richtung verschiebt.

Horizontale Bewegung

Bisher haben wir unser Augenmerk auf die vertikale Bewegung der Hand und der Finger gerichtet, die durch die weiche Daumenwurzel die Knöchel in der richtigen Höhe über dem Griffbrett hält. Jetzt werden wir die horizontalen Bewegungen lernen, welche die Grundlage des *Vibrato* sind, und die wir als Antrieb brauchen, wenn wir das Griffbrett hinauf- und hinunterwandern.

In dieser Übung wie auch in vielen kommenden arbeiten wir von einer Mittelstellung aus, über die wir uns von einem Ende zum andern bewegen. Beim Spielen werden wir allerdings in dieser Mittelstellung nie stehenbleiben und auch die äußersten Punkte nur selten berühren, aber wenn wir in diesen extremen Stellungen arbeiten, werden wir die Extreme beherrschen und in allen Zwischenstufen über mehr Geschmeidigkeit und Kraft verfügen.

Wir drücken einen Finger auf eine Saite – ungefähr in der Mitte des Griffbretts (um nicht an die Wirbel anzustoßen), halten die Knöchel in ihrer normalen Höhe und die Finger getrennt. Die Fingerspitzen lassen wir auf einer Stelle liegen und ziehen das Handgelenk aus der üblichen geraden Linie weg, so daß es die Knöchel nach rückwärts zieht. Sie sollten durch diesen Rückwärtszug auch ein wenig nach oben geschoben werden, zusammen mit einem Ellbogenschwung nach rechts, während die

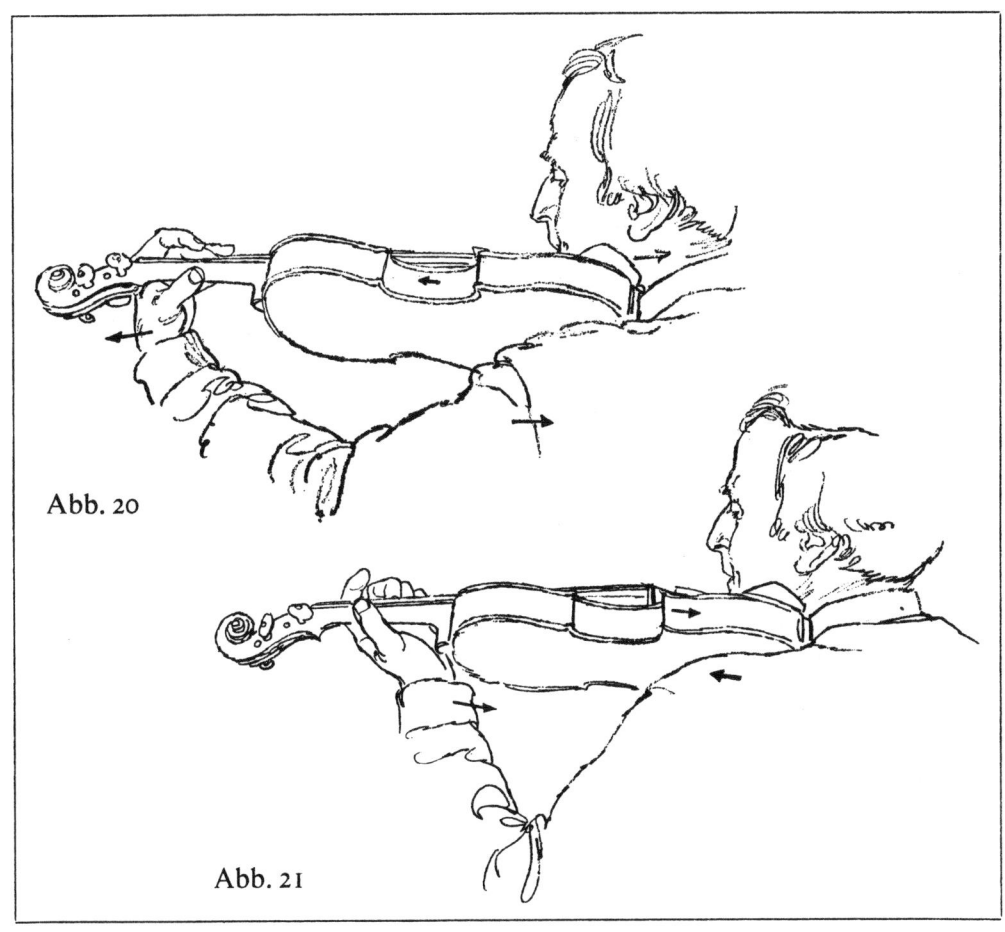

Abb. 20

Abb. 21

Schulter in die entgegengesetzte Richtung, nämlich weg von den Knöcheln, drängt (Abb. 20).

Durch diese Bewegung des Handgelenks, welche die Knöchel rückwärts gegen den Geigenkopf zieht, werden allmählich der Daumen und der auf der Saite liegende Finger gestreckt, was auch seinen Winkel zum Griffbrett verändert. Die anderen, unbeschäftigten Finger bleiben in der Luft – sie verlängern sich ebenfalls, sollten einander aber so wenig berühren, wie es sich mit ihrem Weichbleiben vereinbaren läßt. Da wir die Geige aus dem Halt zwischen Schlüsselbein und Kopf herausziehen, muß der Kopf auf dem Kinnhalter gleichzeitig zurückgehen – aber gerade nur so viel, daß die Geige nicht wegrutschen kann.

Diese extreme Stellung halten wir einen Augenblick lang, lassen dann nach, um in die normale weiche Haltung, in der wir begonnen haben, zurückzukehren; die Knöchel bleiben immer noch gehoben, der Daumen gebogen und der Kopf leicht auf dem Kinnhalter. Wir üben diese Bewegung mehrere Male, bevor wir zur nächsten übergehen, die gleichfalls wiederholt werden sollte.

Aus dieser Stellung heraus bewegen wir uns jetzt ins andere Extrem. Das Handgelenk schiebt die Knöchel gegen uns, so daß sich der auf der Saite liegende Finger bis zum äußersten beugt, der Daumen sich jedoch wieder streckt. Die Knöchel senken sich, und der Ellbogen schwingt nach links, während die Schulter wieder nach der Gegenrichtung reagiert, diesmal auf die Knöchel zu. Die unbeschäftigten Finger beugen sich wie der Finger, der die Saite niederdrückt, und bleiben dabei weich, ohne einander zu berühren (Abb. 21). Da wir die Geige jetzt gegen unseren Hals stoßen, ist es nicht mehr nötig, den Kopf auf den Kinnhalter aufzulegen, denn die Geige rutscht nicht weg. Obschon beim Spielen der Kopf den Kinnhalter normalerweise immer berührt, müssen wir uns der drei verschiedenen Empfindungen – des Zurückziehens des Kopfs am Kinnhalter, des leichten Aufliegens darauf und der Momente, da der Kopf überhaupt nicht mitzuwirken braucht – bewußt sein. In dieser Übung heben wir den Kopf tatsächlich vom Kinnhalter, aber gerade nur so weit, daß er ihn nicht mehr berührt. Wir bleiben auch in dieser extremen Stellung einen Augenblick, bevor wir wieder in die normale Haltung zurückkehren, aus der heraus wir den ganzen Bewegungsablauf wiederholen.

Damit wir bei diesen wechselnden Empfindungen und der Koordination der Bewegungen keinen Fehler machen, ersetzen wir jetzt die Geige durch die rechte Hand, legen den linken Daumen in die rechte Handfläche und den zweiten Finger auf den rechten Handrücken. So können wir die Schulter und den Arm gut sehen und, wenn wir die rechte Hand hin- und herziehen und in der mittleren Stellung immer kurz anhalten, alle Bewegungen genau verfolgen.

Solange wir in dieser Stellung verbleiben, in welcher die rechte Hand die Violine ersetzt, ist eine Variante nützlich, die uns erkennen hilft, wie der Daumen dazu neigt, in eine der Bewegung der Finger und der Richtung der Knöchel entgegengesetzte Richtung zu stoßen. Wie wichtig dies ist, werden wir später erfahren. Wir machen jetzt die vorhergehende Übung, bringen aber das Handgelenk mit dem Handrücken und dem Unterarm in eine geradere Linie und machen eine flinke Bewegung von einer Extremstellung zur andern, ohne Pause in der Mittelstellung.

Während der ganzen Übung denken wir an das früher erwähnte Aufwärtsstreben, das immer mit einer Ausdehnung der Knöchel verbunden werden soll, wenn sich diese von uns entfernen. Dieses Heben der Knöchel ist für den Lagenwechsel nach unten grundlegend und sollte zur Gewohnheit werden. Nachdem wir die Übung einige Male wiederholt haben, lassen wir den Finger ein wenig auf der rechten Hand vor- und rückwärts gleiten; wenn sich der Ellbogen nach rechts bewegt, ziehen die Knöchel den Finger in seine ausgedehnteste Stellung zurück; bewegt sich der Ellbogen nach links, schieben sie den Finger in seine gebogenste Stellung nach vorn. Obwohl der Daumen immer an der gleichen Stelle als Drehpunkt wirkt, spüren wir bald, daß er keineswegs passiv ist, sondern zum Antrieb der Knöchel beiträgt, indem er auf uns zu stößt, wenn die Knöchel weggestreckt sind (gerade Finger) und von uns weg stößt, wenn sich die Knöchel gegen den Körper zu neigen (gebogene Finger).

Ich befasse mich jetzt nicht mit den beiden anderen Bewegungen, von denen die eine mit dem Ellbogenschwung nach rechts gegen den Steg geht und die andere mit dem Ellbogenschwung nach links gegen den Geigenkopf. Sie sind verhältnismäßig einfach auszuführen und tragen zur Beherrschung einer ausbalancierten Geigenhaltung nichts bei; diese verlangt eher, daß man geschult ist, den Ellbogen nach rechts zu schwingen, wenn die Hand aufwärts und vom Körper weggedrängt wird.

Kreise

Wir haben nun die vertikalen, horizontalen und lateralen Bewegungen, die alle den natürlichen Schwung des Ellbogens mit einbeziehen, einzeln geübt. Diese drei Richtungen, von denen jede zwei entgegengesetzte Bewegungen umfaßt (vertikal – hinauf und herunter – horizontal – vom Körper weg und auf den Körper zu – und lateral – nach rechts und nach links) müssen jetzt auf der Geige so koordiniert werden, daß die Knöchel einen Kreis beschreiben, durch den die Geschmeidigkeit aller Finger- und Daumengelenke, des Handgelenks und des Ellbogens gefördert wird. Die Knöchel heben sich entweder an der von uns entfernten Kreislinie und kommen über den höchsten Punkt auf uns zu oder an der uns zugewandten Kreislinie und bewegen sich über den höchsten Punkt von uns weg. Das Ziel unserer Bemühungen besteht hauptsächlich darin, gegenseitige Behinderungen der Bewegungen zu vermeiden und dafür zu sorgen, daß sie harmonisch ineinander übergehen.

Gegenbewegung des Daumens und der Knöchel und Finger

Drei Übungen:

1. Der Daumen bleibt an einer Stelle, der Finger gleitet.
2. Die Fingerspitze bleibt an einer Stelle, der Daumen gleitet.
3. Der Daumen und der Finger gleiten gleichzeitig in einer Gegenbewegung.

Abb. 22

Abb. 23

Übung 1

Wir beginnen wie vorher und drücken mit dem zweiten Finger die Saite ungefähr in der Mitte des Griffbretts hinunter. Jetzt stoßen wir die Knöchel zurück und den Daumen gleichzeitig vorwärts (Abb. 22). Der Daumen als feststehender, doch aktiver Drehpunkt hilft den Knöcheln, den Finger (der sich gegen die Schnecke zu verlängert) auszudehnen, und unterstützt auch den Ellbogen bei seinem Schwung nach rechts. Jetzt kehren wir zur Mittelstellung zurück, benützen den Daumen immer noch als Drehpunkt und schieben die Knöchel nach vorn. Der Daumen drängt nun vom Körper weg, der Finger beugt sich, gleitet die Saite hinauf gegen den Geigenkopf, und der Ellbogen schwingt nach links (Abb. 23). Bei beiden Bewegungen macht die Schulter, wie gewohnt, eine Gegenbewegung zu und von den Knöcheln. Wir müssen daran denken, die Knöchel zu heben, auch wenn wir sie vom Körper wegziehen.

Sobald uns diese Bewegungen vertraut geworden sind, können wir auf die Pausen in der Mittelstellung verzichten und die Bewegung in einem Zug von einem Extrem ins andere führen.

Dann versuchen wir, die Übung mit den anderen Fingern auszuführen.

Übung 2

In dieser Übung bleibt die Fingerspitze auf einem Punkt stehen, während der Daumen tatsächlich in seine Stoßrichtung gleitet. Im übrigen sind die entsprechenden Reaktionen dieselben wie in der Übung 1.

Übung 3

Diese Übung ist eine Kombination der beiden ersten Übungen. Die Fingerspitze und der Daumen gleiten in entgegengesetzte Richtungen. Sie sollten sich nur über eine ganz kurze Strecke bewegen, da es sonst schwierig wird, die Gegenbewegung zwischen den Knöcheln und dem Daumen auszuführen.

Pizzicato mit der linken Hand

Dies ist eine gute Übung, um die Finger geschmeidig zu machen, denn auch beim *Pizzicato* dürfen sie nicht steif sein.

Wir setzen den zweiten Finger in seiner normalen Lage leicht auf die D-Saite und halten die andern Finger weich und voneinander getrennt über dem Griffbrett. Wir drücken die Saite hinunter und ziehen sie gleichzeitig so, daß das Nagelgelenk des Fingers nachgibt (Abb. 24).

Wie immer, wenn der Finger Druck anwendet, bewirkt die Dehnung der Knöchel und der Hand ein – wenn auch nur leichtes – Zusammenwirken des ganzen Arms und der Schulter (die Wippe-Bewegung), die aber so «schwebend» sein muß, daß sie sich den geringsten Fingerbewegungen anpassen kann.

Der Finger, der weiterhin seitwärts zieht, läßt jetzt die Saite los, und sein Nagelglied, das stets weich und elastisch bleibt, springt in seine normale gebeugte Stellung zurück. Diese Übung machen wir mit jedem Finger und auf jeder Saite.

Abb. 24

Weitere Pizzicato-Übungen

I a) In der ersten Lage setzen wir den ersten Finger auf das A der G-Saite, den zweiten Finger auf das Fis der D-Saite, den dritten auf das D der A-Saite und den vierten auf das H der E-Saite. Wir zupfen abwechselnd mit jedem Finger mehrere Male, während die übrigen Finger weich und gebeugt auf ihren Noten liegenbleiben (zuerst im Flageolett, später ganz hinuntergedrückt). Vergessen wir nicht, bei jedem Pizzicato die Knöchel leicht anzuheben.

b) Die gleiche Bewegung wie vorher, doch diesmal liegt der erste Finger auf dem F der E-Saite, der zweite Finger auf dem C der A-Saite, der dritte auf dem G der D-Saite und der vierte auf dem D der G-Saite. Diese Stellung ist schwieriger und erfordert zusätzlich zu der üblichen hohen Lage der Knöchel einen leichten Ellbogenschwung nach rechts. Dadurch können wir den kürzeren vierten Finger über die

G-Saite bringen, ohne daß er seine gebeugte Form verliert. Der erste und der zweite Finger dürfen aber dabei nicht an der E- und der A-Saite ziehen.

2 a) Wir setzen alle Finger auf die E-Saite, dann zupfen wir hintereinander mit jedem Finger die A-, D- und G-Saite, ohne die Lage der «unbeschäftigten» Finger, die jeweils auf der E-Saite liegenbleiben, zu verändern.

b) Jetzt setzen wir die Finger auf die G-Saite und zupfen hintereinander mit jedem Finger die D-, A- und E-Saite.

Gleiten mit jedem Finger

Diese Bewegung brauchen wir für chromatisch-melodische Passagen und für Doppelgriffe.

Wir beginnen mit allen vier Fingern auf einer Saite und lassen zwischen den Fingerspitzen einen kleinen Zwischenraum. Nacheinander gleiten wir nun mit jedem Finger auf einer angrenzenden Saite so weit auf und ab, wie es die andern Finger, die fest auf der ersten Saite liegenbleiben, zulassen. Dies kann auf zwei Arten geschehen: entweder arbeitet außer den Fingern und den Knöcheln auch der ganze Arm aktiv und sichtbar mit, oder aber man läßt die Hand und den Arm weich und macht mit den Fingern eine völlig unabhängige Gleitbewegung.

Dieselbe Übung machen wir mit zwei Fingern, die gleichzeitig in entgegengesetzte Richtungen gleiten, wobei sich, wie als zweite Möglichkeit oben erwähnt, die Anstrengung auf die Hand und die Finger beschränken soll.

Unabhängigkeit der Finger

Es gibt eine Reihe außerordentlich nützlicher Übungen von D. C. Dounis, in denen gleichzeitig auszuführende Hebe-, Zupf- und Gleitbewegungen der Finger verbunden werden. Es handelt sich um *The Complete Independence of 3 Fingers* und *The Complete Independence of 4 Fingers,* herausgegeben von *Lavender Publications* und erhältlich bei Novello & Co. Ltd., London. Auf der Stufe, die wir jetzt erreicht haben, können wir diese Übungen bereits versuchen, werden sie jedoch noch nicht, wie dort vorgesehen, mit dem Bogen machen können.

Lektion 4
Bogenführung

Es ist unmöglich, aber auch unnötig, die unzähligen Finger- und Gelenkbewegungen in all ihren Verschiedenheiten und Spielarten im einzelnen zu beschreiben. Ich halte es für ausreichend, daß der Geiger die Urbewegungen erkennt, so daß sie ihm beim Spielen mit all ihren zahllosen Anwendungsmöglichkeiten zur Verfügung stehen.

Es gibt hochbegabte, schon in früher Jugend sehr talentierte Geiger, die derart musikalisch, körperlich gelöst und gelenkig sind, daß sie ihre Bewegungen aufeinander abzustimmen vermögen. Es ist aber keine Gewähr dafür geboten, daß dieses begnadete Stadium der Jugend die Prüfungen des Lebens überdauert, wenn nicht für eine gute Grundlage und gewissenhafte Führung gesorgt wird, und wenn – es sei nochmals gesagt – die Musik für diesen Menschen nicht ihre Bedeutung und ihren Einfluß auf sein Ohr und seine Phantasie bewahrt hat.

Jetzt ist es Zeit, die Lektion 2 zu wiederholen, in der wir eine ausführliche Darstellung der Grundhaltung des Bogens erhielten und die notwendigen Maßnahmen für das Parallelhalten des Bogens zum Steg erfahren haben. Dann wollen wir als wesentliche Vorbereitung für die kommenden Übungen zunächst die drei Abschnitte eines ganzen Abstrichs betrachten.

Der Grundstrich

A. Der Anfangsimpuls
Der rechte Oberarm zieht und trägt; daraus ergibt sich eine Drehung des Oberarms gegen den Uhrzeiger. Dieser Teil des Strichs kann als kurzer *Sforzando*-Ton isoliert werden; er kann auf jedem Teil des Bogens und in jedem Längenabschnitt vorkommen, sogar über die ganze Länge eines schnellen Bogenstrichs, und kann laut oder leise sein.

B. Der ausgehaltene Abschnitt
Für diesen Teil des Strichs braucht man einen festeren Halt (Verstärkung der «Pfei-

ler») und das Gefühl für den Widerstand der Saiten. Der Arm, das Handgelenk und die Finger arbeiten während dieses ganzen Abschnitts zusammen als eine einzige Einheit; er kann jede Bogenlänge betreffen und langsam oder schnell, laut oder leise sein.

C. Der verbindende Abschnitt

Der letzte Teil des Strichs wird vom Handgelenk aufgenommen, das jetzt entspannt ist; die Hand nimmt bereits die Form des beginnenden Aufstrichs an. Dieser dritte Abschnitt des Strichs gehört schon zum Aufstrich und kann ebenfalls als winziger, beinahe unmerklicher Bogenwechsel bis zu einem raschen Bogenstrich wie etwa in kräftigen, punktierten Rhythmen vorkommen. (Bei den Aufstrichen nimmt die Hand natürlich die Form für den beginnenden Abstrich an.)

Ein Bogenstrich, ob schnell oder langsam, lang oder kurz, laut oder leise, kann die Abschnitte A, B und C zusammen zu gleichen Teilen umfassen; ebenso kann aber auch irgendeiner dieser Abschnitte vorherrschen. Bei Ab- und Aufstrichen, die fast nur in der Strecke B gemacht werden, sind die Finger beinahe unbeweglich, und es gibt keinen Antrieb oder «Wurf». Der Unterarm (oder der Ellbogen, wenn man am Frosch spielt) legt dieselbe Entfernung zurück wie der Bogen auf der Saite.

Wenn wir an den Stellungen der rechten Hand bei den Auf- und Abstrichen arbeiten, stellen wir fest, daß das Anheben der Knöchel beim Aufstrich auch eine Änderung ihres Winkels verlangt, so daß sie etwas mehr in die Richtung des Aufstrichs weisen. Dies ist die natürliche Folge der verlängerten Finger – besonders des zweiten und des dritten – und auch das Ergebnis der Übungen, durch die wir eine ausgewogene Bogenhaltung zwischen dem ersten und zweiten (auch dem ersten, zweiten und dritten) Finger und dem Daumen entwickelt haben. Wir versuchen nun, mit nur einem der Finger an der Stange zu spielen, um uns selbst über die Funktion jedes Fingers klarzuwerden; dabei versuchen wir, die Unabhängigkeit des ersten und zweiten Fingers voneinander und den Unterschied ihrer Funktionen genau zu spüren. Der erste Finger zeigt im Wurzelgelenk deutlich ein laterales Streben, was bewußte und von der Bewegung des zweiten Fingers unabhängige Weichheit verlangt.

Der beschriebene Ablauf der Bewegungen wird die Bogenstriche erleichtern und beschleunigen helfen sowie dem Spieler ermöglichen, einen Strich anzuwenden, der sich nur aus den Abschnitten A und C zusammensetzt (am Teil B vorbei). Dieser Strich löst sich in einen einzigen Impulsstrich auf, entweder in kurze *Staccato*-Striche oder in ein schnelles, leichtes, sanftes und weiches *Détaché* in längeren und sogar in ganzen Bogenstrichen.

Übungen für den Grundstrich

Übung 1

Wir halten die Geige in Spielstellung, den dritten Finger auf dem D im Flageolett in der ersten Lage auf der A-Saite, die Knöchel hoch, die Hand weich, den Daumen gebogen. Als nächstes machen wir – ohne Bogen – eine Reihe ganzer Bogenstriche in der Luft, ununterbrochene Ab- und Aufstriche knapp oberhalb und über jeder Saite, wobei wir alle in Lektion 2 erwähnten Einzelheiten kontrollieren.

Beim äußersten Ende des Abstrichs versuchen wir durch tatsächliche, aber nicht gewaltsame Bewegung des Schulterblatts nach vorn die größte Ausdehnung zu erreichen. Die Schulter schiebt sich infolge der Armbewegung *vorwärts,* soll aber nie gehoben werden. Wenn wir auch den Bogen noch immer nicht wirklich führen, sollten wir doch daran denken, die Finger und den Daumen beim Abstrich nach rückwärts zu beugen und zu spreizen (Finger und Daumen biegen sich dabei) und sie beim Aufstrich zusammenzunehmen, ohne je das Gefühl für die ausbalancierte Bogenhaltung zu verlieren. Versuchen wir diese Bewegungen zu spüren – in Verbindung mit dem Handgelenk und der Drehung des Arms und des Ellbogens (aufwärts und gegen den Uhrzeiger beim Abstrich und umgekehrt beim Aufstrich), sowie mit dem lockeren Ausdehnen des Rückens und der Bewegung des Schulterblatts.

Übung 2

Jetzt nehmen wir den Bogen, halten ihn leicht und elastisch nicht ganz auf der Saite, sondern etwa 3 cm darüber und bewegen ihn parallel zum Steg. Dabei sollten uns alle Einzelheiten aus der Lektion 2 gegenwärtig sein (Abb. 24–29), insbesondere die Art und Weise, wie wir während des Aufstrichs das Handgelenk heben und die Finger ausdehnen (ohne daß deswegen die leichte Bogenhaltung verlorengeht), und wie wir während des Abstrichs das Handgelenk senken und die Finger beugen. Es mag vielleicht ein wenig verfrüht sein, die vorbereitenden Bewegungen zu erklären, doch möchte ich mit folgendem Gedanken den Keim dazu legen. Wenn wir uns im Aufstrich dem Frosch nähern, werden wir durch Beugen des Daumens in Richtung Bogenspitze den Sinn für den Druck des vierten Fingers, den man für die Balance des Bogens braucht, entwickeln; außerdem können wir die Vorbereitung des Abstrichs fördern, indem wir der Schwungkraft der Hand bis über den Punkt hinaus freien Lauf lassen, wo das Handgelenk stillsteht und eine leichte Bewegung der Knöchel den neuen Abstrich vorwegnimmt.

Übung 3

Jetzt sollten wir so weit sein, daß wir sowohl zusammen als auch abwechselnd mit einer danebenliegenden leeren Saite ein Flageolett streichen können. Das Hauptziel besteht darin, den Ton leicht und ohne Ausdrucksschattierungen klingen zu lassen. Der Vorteil, auf zwei Saiten – einem Flageolett und einer leeren Saite – zu streichen, besteht darin, daß der Ton *von allem Anfang an* leicht ist, auf der genauen Tonhöhe liegt und überlegt an- und abschwillt, was uns auch von der unnötigen Angst befreit, wir könnten eine andere Saite berühren! Ich glaube daran, daß man ein Instrument nicht durch Zaghaftigkeit und Furcht beherrschen lernt, sondern durch Empfindsamkeit, Geschmeidigkeit und ständiges Suchen. Das Spielen auf einem Flageolett-Ton und einer leeren Saite hat noch den weiteren Vorteil, daß sich das Ohr, bevor es das Vibrato hört, an einen reinen Ton gewöhnt, dessen Höhe leicht korrigiert werden kann. Wir versuchen diese Übungen auf anderen Paaren von leeren Saiten und Flageoletts und binden die Töne in Dreier- oder Sechsergruppen:

Der ganze Bogenstrich stellt gewisse Probleme, die man leicht veranschaulichen kann:
Wir beginnen an der Spitze und lassen den Bogen leicht auf der A-Saite liegen; alle Finger liegen leicht an der Bogenstange, der dritte und der vierte berühren sie kaum. Jetzt machen wir einen langsamen, gleichmäßigen Aufstrich über die ganze Bogenlänge, genau bis zum Frosch. Da der Abstand der Bogenspitze zum Berührungspunkt zwischen Bogen und Saite größer wird, nimmt auch das auf der Saite liegende Gewicht des Bogens zu und verursacht automatisch ein unerwünschtes Crescendo, wenn die Bogenhand nicht einen ständig wechselnden Ausgleich schafft. Diese Anpassung vorzunehmen ist hauptsächlich Aufgabe des vierten (und auch des dritten) Fingers, sowie natürlich auch des Arms, von dem das Handgelenk herunterhängt. Eine ähnliche Situation haben wir in Lektion 2 angetroffen, als wir den Stock aus der ausbalancierten Mittelposition zur normalen Stellung am Frosch durch die Finger gezogen haben.
Wenn der Bogen am horizontalsten liegt, das heißt auf der G-Saite (Abb. 1a), so nimmt das Gewicht merklich mehr zu als in seiner vertikalsten Stellung auf der E-

Abb. 1a

Abb. 1b

Saite (Abb. 1b). Der Daumen und alle Finger der rechten Hand mit Ausnahme des vierten müssen weich bleiben, während sie sich im Aufstrich leicht strecken; nur der vierte Finger verstärkt oder vermindert seinen Gegendruck gerade genug, um die Gewichtsveränderung auszugleichen, die zwischen dem Tragen des meisten Bogengewichts durch die Hand (in der unteren Bogenhälfte) und dem Moment entsteht, da das meiste Gewicht (in der oberen Hälfte) auf der Saite liegt. Außer beim Saitenwechsel halten wir den Ellbogen fast immer auf derselben Höhe.

Wir bemühen uns, die Vibrationen der Saite, die der Bogen auf unsere Finger überträgt, zu spüren – nicht nur um unsere Sensibilität für die Bogenhaltung zu prüfen, sondern auch um unsere Fähigkeit zu entwickeln, kleinste Sinneswahrnehmungen zu fühlen.

Um auch die Empfindsamkeit der Bogenfinger zu entwickeln, heben wir die Geige in einen steileren Winkel; an einem bestimmten Punkt spüren wir, daß der dritte Finger den Bogen daran hindert, gegen den Steg abzurutschen. Diese Funktion des Fingers ist besonders während eines Aufstrichs, bei dem der Bogen mehr Gewicht bekommt, bemerkbar. Als allgemeine Regel empfiehlt es sich, die Geige beim Spielen in einem leicht gehobenen Winkel zu halten. Dadurch werden Brust, Hals und Kopf freier, es verleiht dem Geiger größere Unabhängigkeit und auch die Herrschaft ebenso über sein Spiel wie über seine Zuhörerschaft.

Der dritte und vierte Finger lassen die Stange öfter los, wenn sie sich bei einem Abstrich der Spitze nähert – natürlich nicht, wenn der Bogen von der Saite abgehoben werden muß. Wir nehmen den vierten Finger im allgemeinen auch dann von der Stange weg, wenn wir im oberen Drittel des Bogens spielen. Der dritte und der vierte Finger übernehmen natürlich das Ausbalancieren des Bogens wieder, wenn er sich im Aufstrich der unteren Bogenhälfte nähert (Abb. 2).

Abb. 2

Übung 4

Wir haben bereits in den Lektionen 2 und 3 an den beiden äußersten Bogenstrich-Positionen gearbeitet, wobei wir in der mittleren Stellung begonnen haben und wieder zu ihr zurückgekehrt sind. Jetzt wollen wir den Bogenstrich in zwei Hälften teilen, statt den ganzen Bogen fortgesetzt durchzustreichen wie in den ersten drei Übungen dieser Lektion. Auf diese Art wird es uns ganz bewußt werden, daß in der oberen Bogenhälfte der Unterarm führt, während in der unteren Hälfte der Oberarm sowohl führt als auch das Gewicht des Bogens trägt. Es sind dies ruhige Bogenstriche *ohne Schwungkraft,* das heißt mit minimalem Akzent auf den Abschnitten A und C unseres Grundstrichs. Hier gibt es auch keinen Versuch, den Ton zu *ziehen,* auch nicht im Abschnitt B, sondern die «Haltung» ist durchwegs weich.

Jetzt haben wir alle Finger am Bogen:

1. Wir beginnen in der Mitte und machen eine Reihe halber Bogenstriche zwischen Mitte und Spitze. (Die linke Hand bleibt weich und richtig geformt, mit einem Finger auf einem Flageolett.) Die Bogenmitte ist der ideale Teil, um die Bogenhaltung zu

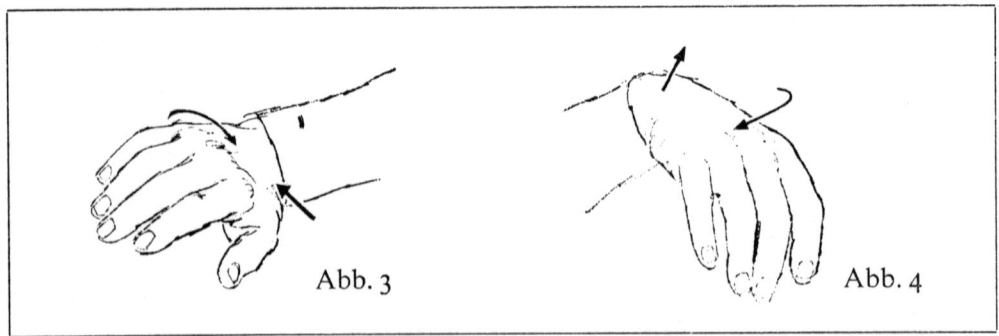

Abb. 3   Abb. 4

kontrollieren (wie in Lektion 2 beschrieben). Hier, in der Bogenmitte, sollten der Handrücken, das Handgelenk und der Unterarm ungefähr in einer geraden, ziemlich flachen Linie liegen, das heißt, das Handgelenk liegt weder hoch noch niedrig. Im Abstrich senkt sich dann das Handgelenk (Abb. 3), und im Aufstrich hebt es sich (Abb. 4).

Wenn sich der Unterarm vom Körper wegbewegt, bringt er mit Hilfe des sich horizontal ausdehnenden und erweiternden Rückens den Oberarm und die Schulter nach vorn; während sich der ganze Arm streckt, dreht er sich gegen den ersten Finger, und das Handgelenk gibt nach, bis es die Bewegung vom Unterarm übernimmt und die Hand zum Ende des Strichs zieht; den tiefsten Punkt erreicht er an der Bogenspitze. Die Finger und der Daumen, schon in der Mitte gekrümmt, erreichen ihre am meisten gebogene Stellung knapp vor dem Strichwechsel (vgl. Abb. 24–29, Lektion 2).

In der Gegenrichtung lassen wir das Handgelenk aufwärts locker und dehnen und entspannen die Schulter ein wenig rückwärts. Die Hand spürt den Zug der Schwerkraft, die Finger und der Daumen verlängern sich, ohne die «Brücken»-Haltung zu verlieren; der Unterarm schiebt hinauf, nimmt die Hand dabei mit und bringt den Oberarm und die Schulter wieder in die normale Stellung zurück. Während sich der ganze Arm beugt, dreht er sich gegen den vierten Finger zurück, bleibt aber auf seiner Höhe. Bei der Bogenmitte sollten der Handrücken, das Handgelenk und der Unterarm wieder eine annähernd gerade Linie bilden.

Wenn wir später mit der Schwungkraft arbeiten, werden wir sehen, daß der Wechsel vom Aufstrich zum Abstrich meistens durch eine langsame oder schnelle, scharfe oder sanfte Gegenwirkung in den Fingern und Knöcheln gekennzeichnet ist.

2. Als nächstes führen wir eine ähnliche Reihe halber Bogenstriche in der unteren

Bogenhälfte aus. Dabei muß uns bewußt sein, daß wir einen großen Teil des Bogengewichts tragen, und zwar sowohl mit dem Arm als auch mit den Fingern. Dennoch müssen wir spüren, daß die Hand aus dem Gelenk hängt, besonders während des Aufstrichs, bei dem das Handgelenk knapp vor dem Bogenwechsel am Frosch seine höchste Stellung erreicht. Der Ellbogen fällt auf natürliche Weise leicht ab, während sich das Handgelenk im Aufstrich hebt und der Arm sich beugt. Ist diese Einstellung einmal gemacht, so bleibt der Ellbogen auf derselben Höhe – geht manchmal sogar noch höher – so daß er beim Abstrich seine ziehende Funktion leicht wieder übernehmen kann.

Beim Abstrich führt der Ellbogen. Spielt man auf der E-Saite, kommt die Schwerkraft mit einer kleinen Fallneigung hinzu, spielt man auf der G-Saite, das heißt auf einer horizontaleren Ebene, dann überwindet der ständige Zug des Arms die Schwerkraft. Gegen die Mitte des Bogens senkt sich das Handgelenk allmählich in seine geradere Stellung.

Übung 5
Die folgende Übung ist eine nützliche Vorbereitung für die Vereinigung der beiden Hälften zu einem gleichmäßigen ganzen Bogenstrich. Wir beginnen am Frosch und ziehen den Bogen mit dem Oberarm zur Mitte; nach einer ganz kurzen Pause, in der wir die Stellung kontrollieren, setzen wir den Strich, der jetzt vom Unterarm geführt wird, bis zur Spitze fort. Während dieser Pause in der Mitte des Abstrichs denken wir daran, daß die Schulter weich und wieder bereit zur Fallbewegung sein soll. Statt des

Abb. 5

Denkens an ein unkontrolliertes Fallen hätte ich aber lieber das Bild eines Vor- und
Rückwärts-Schwebens der Schulter. Das Beibehalten der Höhe ist beim Violinspiel
genauso wichtig wie beim Fliegen. Ohne diese Höhe gibt es weder Leichtigkeit noch
Weichheit noch eine differenzierte Klangfülle – weder in der linken noch in der rechten Hand.

Auch in der Aufstrichmitte achten wir während der kleinen Pause darauf, wie sich
die ausbalancierte Schulter auf die Rückwärtsbewegung in der zweiten Hälfte des
Aufstrichs vorbereitet (Abb. 5).

Übung 6

Jetzt sollten wir den gleichmäßigen ganzen Bogenstrich aus Übung 3 wiederholen
können, nun im neuen Bewußtsein, daß an jener Stelle, an welcher der Oberarm passiv wird und der Unterarm seine Rolle übernimmt – oder umgekehrt –, die Bewegungen frei und ruhig ineinanderfließen müssen.

Diese Stelle liegt zwar ungefähr in der Mitte des Bogens, doch wird sie von jedem
Spieler, seiner Armlänge entsprechend, erfühlt werden und nicht durch Suchen eines
imaginären, vorbestimmten Punkts an der Bogenstange feststellbar sein.

1. Wir machen wie zuvor eine Reihe ganzer Bogenstriche.

2. Wir machen eine Reihe ganzer und halber Bogenstriche in folgendem Rhythmus:

♩ ♫ ♩ ♫

Das Tempo des Bogens bleibt bei den Viertel- und Achtelnoten konstant. Im Flageolett und auf leeren Saiten spielen wir so unsere Doppelgriffe oder auch abwechselnd
auf einer oder zwei Saiten.

3. Jetzt spielen wir denselben Rhythmus, aber mit einem ganzen Bogenstrich auf jeder
Note. Da das Tempo des Strichs bei den Achtelnoten doppelt so schnell ist wie bei
den Viertelnoten, müssen wir bei den Achtelnoten mehr Bogengewicht tragen, damit
der Ton durchwegs gleichmäßig wird. Wir müssen es uns zur Gewohnheit machen,
auf den hervorgebrachten Ton kritisch zu horchen, denn letzten Endes bestimmt das
Ohr den Ablauf all der komplizierten Bewegungen, mit denen wir den gewünschten
Ton hervorbringen – sei es ein gleichmäßiger, wie in einer Übung, oder ein ausdrucks-
voller in einem Musikstück.

Der Bogenstrich mit Gewichtsanwendung

Wir legen Geige und Bogen beiseite und versuchen die folgende Übung: In Brusthöhe halten wir die Fäuste vor uns gegeneinander, die Unterarme schräg vor dem Körper, so daß der rechte Arm ungefähr die Spielstellung annimmt. Wenn wir jetzt den Rükken und die Schultern seitwärts ausdehnen, so spüren wir, wie die Fäuste gegeneinander drücken. Nun lösen wir diesen Druck, indem wir die Schultern lockern; die rechte Schulter richtet sich aufwärts und übernimmt sozusagen das Gewicht des Arms, so daß dieser jetzt «getragen» wird. Diese Übung kann man variieren, indem man statt der Fäuste die Handrücken mit den Fingern gegen die Brust gegeneinanderlegt. Während sich der Rücken ausdehnt, öffnen sich die Handrücken nach außen, so daß die Finger in Berührung bleiben und dann die Fingerspitzen gegeneinandergepreßt werden; schließlich bilden sie zusammen mit den Armen, den Schultern und der Brust einen Kreis. (Dieser «Ausdehnungskreis» für die rechte Hand entspricht jenem für die linke Hand, der in Lektion 3 beschrieben wurde.)

Wir nehmen wieder das Instrument zur Hand, setzen einen Finger der linken Hand auf ein Flageolett und lassen den Bogen leicht auf der Saite liegen – der Arm wird «getragen». Dann üben wir über die Finger der rechten Hand mit Hilfe des «Ausdehnungskreises» Druck auf den Bogen aus; wir lösen diesen Druck wieder, indem wir das Gewicht – wie vorher beschrieben – mit der Schulter übernehmen. Der Bogen bleibt auf einer Stelle liegen und wird nicht über die Saite gezogen.

Wenn wir auf dem Bogen Druck anwenden, was wir wirklich tun, heißt das, wir lassen einen Teil des Gewichts vom Arm auf den Bogen fallen; welche Menge das ist, hängt von der Lautstärke ab, die wir brauchen. (Das restliche Gewicht wird immer noch «getragen».) Dieses auf den Bogen fallende Gewicht wird durch das Handgelenk und die Finger übermittelt, deren Widerstand gegen das Gewicht den Druck auf den Bogen vergrößert. Das meiste Gewicht liegt auf dem ersten Finger; seine Funktion ist deshalb besonders wichtig.

In einem Abstrich-*Crescendo* – besonders wenn es nahe an der Spitze gestrichen wird – kann der erste Finger auf zwei Arten reagieren: a) er kann sozusagen wie ein Enterhaken hinunterdrücken und mit Hilfe des nach außen stoßenden vierten Fingers die Bogenstange zum Spieler ziehen (Abb. 6); b) der erste Finger kann mit Hilfe des nach innen ziehenden dritten Fingers den Bogen abwärts und vom Spieler wegdrücken (Abb. 7). Im ersten Fall fällt die Schulter nach hinten, im zweiten nach vorn. Die erste Methode wird meistens dann angewendet, wenn der Geigenkopf während des Spielens nach unten zeigt, oder für ein *Crescendo* in einem langen ganzen Strich,

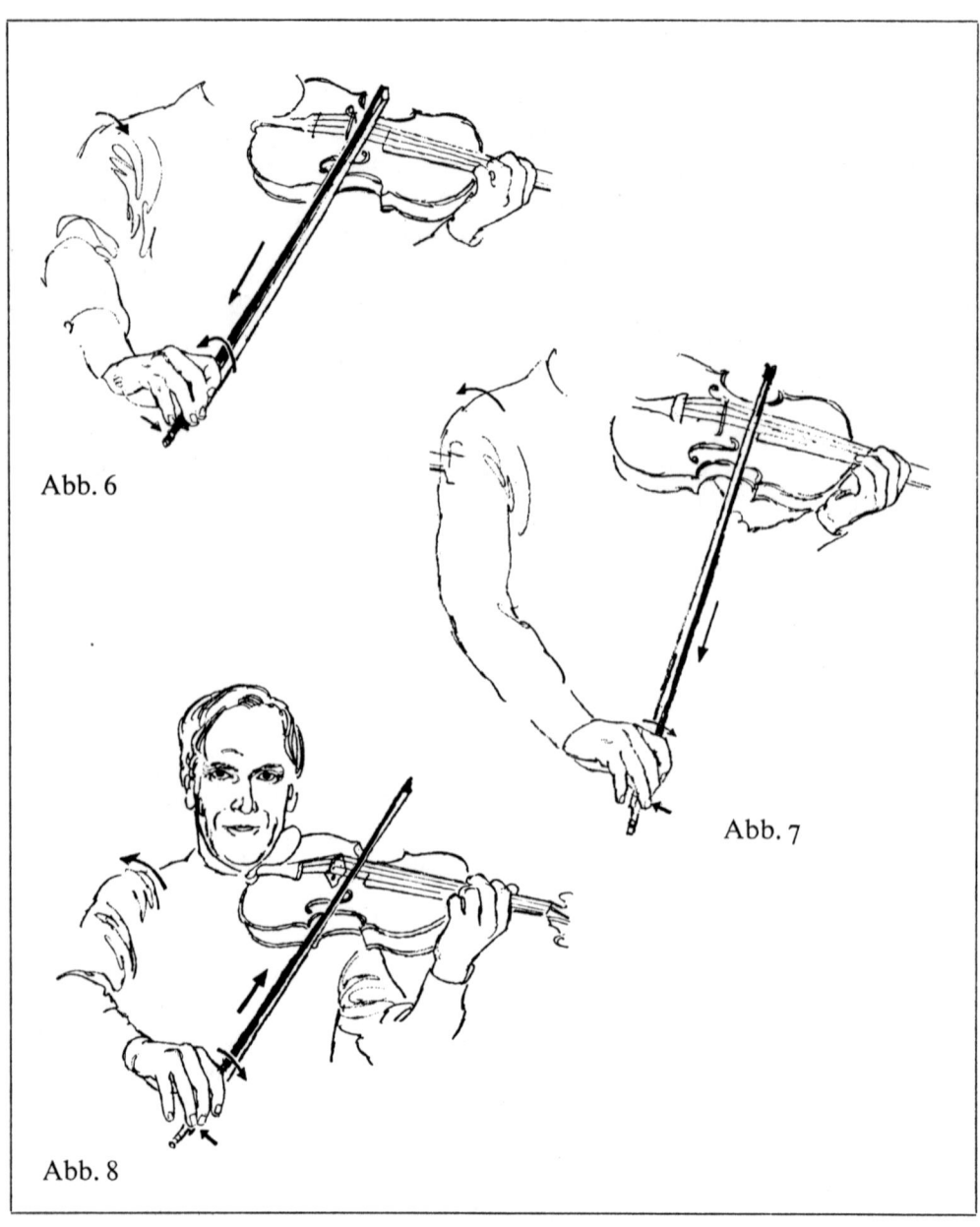

Abb. 6

Abb. 7

Abb. 8

Abb. 9   Abb. 10

und besonders auf den tieferen Saiten vor einem Strichwechsel auf eine höhere Saite. Die zweite Methode wendet man gewöhnlich dann an, wenn der Geigenkopf nach oben zeigt oder wenn punktierte Rhythmen mit kurzen Ab- und längeren Aufstrichen zu spielen sind. Die beiden Methoden schließen einander nicht aus, sondern werden üblicherweise verbunden, um einen gleichmäßigen Druck zu erzielen.

In einem Aufstrich-*Crescendo* hat der erste Finger das Bestreben – wieder mit Hilfe des nach innen ziehenden dritten Fingers – vom Spieler wegzudrücken (Abb. 8).

Die Anwendung von Gewicht und Druck erzeugt in der Hand ein Gefühl der «Zusammengehörigkeit» und verstärkt den Widerstand zwischen Daumen und Fingern.

Jetzt spielen wir auf leeren Saiten mit langsamen, lauten, ganzen Auf- und Abstrichen und merken dabei auf den Widerstand der Saite, den wir den ganzen Weg durch den Arm bis ins Schulterblatt fühlen. Bei dieser Art von Streichen verspürt man die Rückwärts-, Vorwärts- und Abwärtsbewegungen des Schulterblattes besonders stark, weil sich der ganze Arm langsam und in einem Stück bewegt (Abb. 9 und 10).

Das Mitschwingen des Körpers

Der horizontale Körperschwung kommt eher im Zusammenhang mit der rechten Hand als mit der linken Hand vor und immer kurz vor einem Bogenwechsel. Das

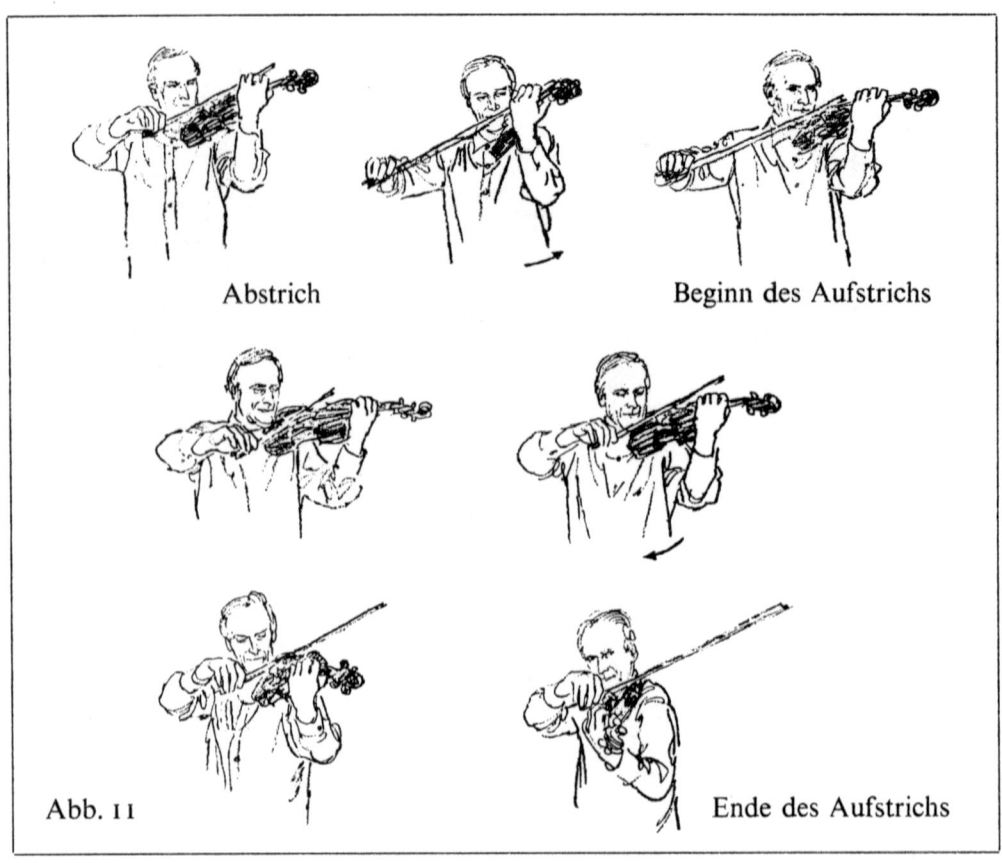

Abstrich

Beginn des Aufstrichs

Abb. 11

Ende des Aufstrichs

Instrument schwingt in *dieselbe* Richtung wie der Bogenstrich, ändert aber die Richtung, *nachdem* der Körperschwung begonnen hat und *vor* dem Bogenwechsel. Am Ende eines langen Strichs hat der Körperschwung zwei Funktionen:

a) Er hilft den Strich beenden.

b) Er bereitet den neuen Strich in die Gegenrichtung vor.

Man kann den langen Strich als aus drei Teilen zusammengesetzt betrachten, was eine nützliche, aber sehr starke Vereinfachung ist; im ersten Teil des Abstrichs bewegt sich der Körper (und die Geige) mit dem Strich in die gleiche Richtung – in die des Uhrzeigers; im zweiten Teil geht der Strich in dieser Richtung weiter, doch der Körper kehrt in seine mittlere Stellung zurück; im dritten Teil setzt sich der Strich fort, während sich der Körper gegen den Uhrzeigersinn wendet und damit den Richtungswechsel – zuerst der Geige, dann des Bogens – zu einem Aufstrich vorwegnimmt.

Dieselbe Gliederung kann man beim Aufstrich vornehmen, der bereits mit der Wendung des Körpers gegen den Uhrzeiger in die Richtung des Aufstrichs beginnt; dann dreht sich der Körper in die Mittelstellung zurück, während der Bogen weiterstreicht, und schließlich wendet sich der Körper vor dem Strichwechsel im Uhrzeigersinn, um der Aufstrichhand zu begegnen, womit er den unmittelbar bevorstehenden Wechsel – zuerst der Geige, dann des Bogens – in den Abstrich vorwegnimmt. In schnellen, kurzen Strichen findet dieser letzte Körperschwung natürlich früher statt als bei langsamen, langen Strichen (Abb. 11).

Dieser Körperschwung entsteht im Fußballen, der dem Impuls des Strichs entgegenwirkt. Es wird der Abstrich sozusagen gegen den rechten Fuß geschleudert, wo er auf wachsenden Widerstand stößt. Bei kräftigen, ganzen Bogenstrichen sollten wir spüren, daß der Aufstrich im rechten Fuß anfängt; im Augenblick, da der Fuß den Boden wegstößt, beginnt der Gegenschwung, der, wie wir gesehen haben, am Ende des Abstrichs einsetzt und den Aufstrich vorwegnimmt.

Das Umgekehrte geschieht am Ende eines kräftigen Aufstrichs, wo der Impuls des Körpers gegen den linken Fuß geworfen wird. Diese Wahrnehmung ist noch eindrücklicher, wenn wir auf der G-Saite spielen, was einen horizontalen Strich verlangt. Spielen wir hingegen mit Schuß und Schwungkraft auf der E-Saite, so benötigen wir zur Anpassung des Körpers noch ein vertikales Element – wir gehen während des Aufstrichs leicht auf die Fußspitzen.

Es gibt eine verwandte Angleichung des Instruments. Man kann beobachten, wie sich der Geigenkopf am Anfang jedes Strichs zusammen mit dem Körper in die Strichrichtung bewegt; er soll gehoben werden, wenn wir uns beim Abstrich der Bogenspitze nähern, und ein wenig gesenkt, sobald wir beim Aufstrich gegen den Frosch zukommen. Wie wir gesehen haben, gibt es auch eine horizontale Mitbewegung – aber vor Übertreibungen bei einer Konzertaufführung sei hier ausdrücklich gewarnt.

Die Rolle des Arms, der Hand und der Finger beim Saitenwechsel

Jetzt kommen wir zur Funktion des Arms, der Hand und der Finger beim Saitenwechsel. Mit der horizontalen Bewegung des Ab- und Aufstrichs verbinden wir eine vertikale, um ein wellenartiges Fließen zu erzeugen – ähnlich einem liegenden Band, das sich auf und nieder bewegt, wenn man es schüttelt.

Wir haben uns bereits mit der Rolle des Daumens in der horizontalen Bewegung beschäftigt; jetzt wollen wir ihn in seiner anderen Fähigkeit als Hauptelement betrachten, als Drehpunkt beim Saitenwechsel und bei Akzenten; in dieser Eigenschaft kommt er den oben beschriebenen Strich-Reflexen oft in die Quere. Wechselt der Bogen ohne Strich und nur mit Hilfe der Finger und des Handgelenks von einer höheren zu einer tieferen Saite, dann wird man bemerken, daß der Daumen auf der höheren Saite immer gebogen ist und sich auf der tieferen ausstreckt. Das kann auch bei einem Strich ganz natürlich vorkommen, wenn der Abstrich auf der höheren Saite gemacht wird. Beim Spielen hängt dies aber nicht nur a) von der Strichart ab, sondern auch b) von der Höhe des Ellbogens.

Ich habe bereits erwähnt, wie wichtig es ist, die «Mittelstellung» beizubehalten, die für Bewegung und Anpassung nach beiden Seiten Spielraum läßt. Wenn wir den Bogen zum Beispiel in weicher Haltung über die A- und die D-Saite ziehen, brauchen wir den erwähnten Spielraum, um auf die höhere E-Saite oder die tiefere G-Saite zu wechseln und um nachher in die mittlere Haltung auf der A- und D-Saite zurückzukehren.

Wenn wir den Saitenwechsel ganz den Fingern und dem Handgelenk überlassen, ist der Daumen auf der oberen Saite immer gebogen und auf der unteren immer gestreckt. Bei dieser Bewegung bleibt jedoch nicht der gleiche Teil der Bogenhaare im Kontakt mit jeder der gespielten Saiten. Der Ton ist daher nicht gleichmäßig, denn die linken Bogenhaare berühren die tiefere Saite (Abb. 12a), und auf dem entgegengesetzten Weg berühren die rechten Bogenhaare die höhere Saite (Abb. 12b). Damit wir einen glatten Ton erzielen, muß der Unterarm – im Grunde genommen der ganze Arm – die Wellenbewegung mitmachen und sich den Strichebenen anpassen.

Als allgemeine Regel gilt, daß die Tätigkeit des Handgelenks im Verhältnis zu der des Arms zunimmt, je weiter der Saitenwechsel (wie von E zu G über alle vier Saiten) ausgeführt wird. Wollen wir jedoch eine Note hervorheben oder akzentuieren, so müssen wir zur Grundstellung des Abstrichs zurückkehren, die der Ebene der einzelnen Saite entspricht, ob diese nun höher oder tiefer ist. Davon wird jetzt der Arm betroffen. Indem wir den ganzen Arm einsetzen, trachten wir während des Strichs wellenartig über zwei Saiten zu gelangen und verleihen zuerst der Fingerbewegung Nachdruck, nehmen dann das Handgelenk und schließlich den Unterarm dazu.

Man kann bei sehr weichen *Détachés* (nicht nur im Ton, sondern auch in den Gelenkbewegungen weich) beobachten, daß im Abstrich der Daumen tatsächlich zusammen

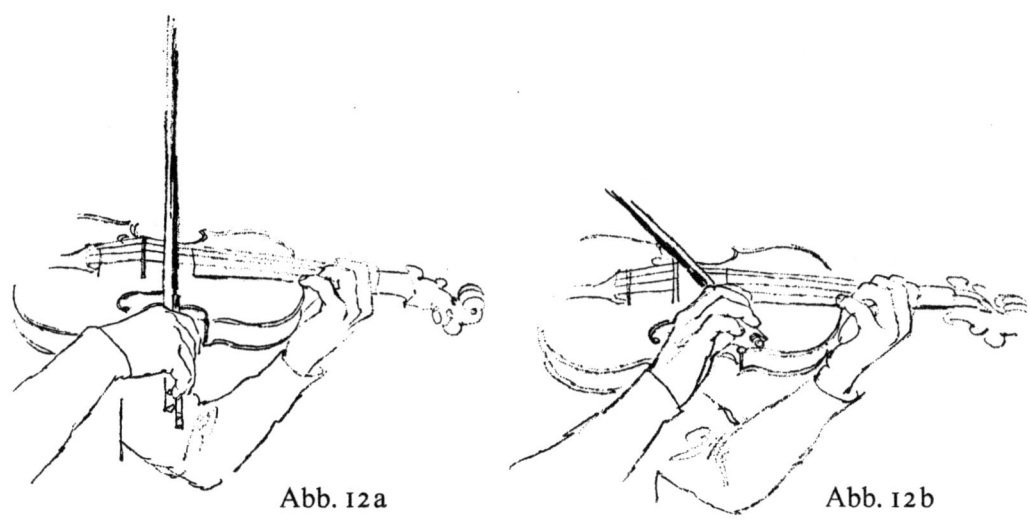

Abb. 12 a   Abb. 12 b

mit dem ersten Finger gegen die drei andern Finger arbeitet und – umgekehrt – im Aufstrich mit dem dritten und dem vierten Finger gegen den ersten und den zweiten. Sobald im Aufstrich aber Druck oder Gewicht angewendet wird, arbeitet der Daumen unwillkürlich gegen Druck und Gewicht. Wenn der Daumen eher aktiv als passiv wird, nimmt er wieder seine *Grundstellung* an: gebeugt in Richtung Bogenspitze.

Beim Saitenwechsel sollten beide Arten des Drucks an der Spitze geübt werden – die grundlegende Art, bei der die Bogenstange gegen den Körper gezogen wird, und die andere mit dem weggestoßenen Bogen. So gelingt es, den federnden Übergang von der dem Wechsel vorausgehenden Note zu entwickeln. Der Oberarm soll auf die stützende «Brücke» in der Hand fallen, wenn man von einer tieferen zu einer höheren Saite wechselt, oder er soll seinen Schwung aus den Fingern erhalten, damit er von der höheren Saite auf eine tiefere geworfen wird. Wie bereits gesagt, ein gebeugter Daumen beim Aufstrich erlaubt dem Ellbogen und der Schulter, sich vor dem Wechsel sozusagen vom Handgelenk her nach dem anfänglichen Verlängern der Finger zu lockern und zu fallen. Dies gilt besonders beim Wechsel von einem Aufstrich auf einer tieferen Saite zu einem Abstrich auf einer höheren Saite. Im entgegengesetzten Wechsel führt der Arm, der gewissermaßen seinen Aufstrich fortsetzt, um ihn auf die Höhe der neuen Saite zu bringen. Diese Bewegung erzeugt einen sanften Wechsel von einer höheren auf eine tiefere Saite – vorausgesetzt, daß der vierte Finger dazu ausgebildet ist, das Gewicht im Augenblick des Wechsels aufzufangen. Soll die tiefere

99

Saite, oder sollen die tieferen Saiten nur kurz angespielt werden, zum Beispiel wenn eine *Legato*-Melodie auf der E-Saite von gelegentlichen Akkorden auf den drei tieferen Saiten begleitet wird, dann sollte der Arm auf der Höhe der E-Saite bleiben und der Bogen durch ein vorübergehendes Nachlassen des Drucks im vierten Finger fallengelassen werden.

Man sollte häufig auf die Grundhaltung zurückkommen; denn so vermeidet man übertriebene Bewegungen der Finger, der Knöchel und des Handgelenks. Im allgemeinen ist es beim Saitenwechsel vorzuziehen, mehr den Arm als die Finger zu bewegen; damit bleibt der Ton gleichmäßig, und es ist immer dasselbe Bogenhaar mit den Saiten in Kontakt. Man achte auch darauf, daß der Daumen nicht der vorherrschenden Stellung der Knöchel, die sich beim Abstrich senken und beim Aufstrich heben, in den Weg kommt.

Bogenstriche

Wir wollen jetzt unsere «Genealogie» der Bogenstriche aufbauen. Obwohl wir die folgenden Übungen auch auf leeren Saiten machen können, finde ich es sehr viel besser, mit irgendeinem Finger der linken Hand eine Note zu greifen. Sobald der Schüler dazu fähig ist, sollte er eine zweite Note auf einer benachbarten Saite greifen und Terzen, Sekunden, Quarten und Oktaven bilden; später sollten diese in Tonleiterform gebraucht werden. Von Zeit zu Zeit kontrollieren wir die Geschmeidigkeit der linken Hand. Unbeschäftigte Finger müssen *weich* bleiben. Wenn wir später wirklich spielen, ist es sehr wesentlich, die Weichheit des Fingers, der unmittelbar *vor dem Spielen steht,* zu spüren und beizubehalten.

Gebundener Saitenwechsel

Übung 1

Als erste Übung machen wir einen Wellenstrich über zwei Saiten, jeden Strich über fünf Noten. Im Notenbeispiel geben die Pfeile oberhalb der Noten das Heben der Knöchel an, und die gebogenen Pfeile unterhalb der Noten beziehen sich auf die Stellung des Daumens. Beim Abstrich neigen die Knöchel gegen die heruntergedrückte, beim Aufstrich gegen die vorgeschobene Stellung. Hier muß man wieder daran denken, daß diese verallgemeinernde Feststellung nicht besagen will, daß die

Knöchel in einer einzigen heruntergedrückten oder in einer einzigen vorgeschobenen Stellung verharren. Vielmehr wenden sie sich während des Abstrichs einer heruntergedrückten Stellung zu, wobei selbst diese allgemeine Richtung kleine Schwankungen nach oben und nach unten aufweist, wenn der Bogen zwischen zwei Saiten wechselt. Gerade aus diesem Grunde möchte ich mit der Wellenbewegung beginnen. Die unteren Pfeile zeigen an, wie der Daumen zwischen seiner gebogenen Haltung abwechselnd gegen die Spitze des auf der höheren Saite liegenden Bogens zurollt, und in entgegengesetzter Richtung rollt, wenn der Bogen auf die tiefere Saite gleitet. Es ist eine passive und nicht eine aktive Anpassung.

Spielen wir jetzt diese Übung mit der ganzen Bogenlänge auf jeder Gruppe von fünf Noten; wir spielen sie auch auf den drei Saitenpaaren – A und D, D und G und E und A. Die Übung muß, ohne Akzent auf irgendeiner Note, ganz gleichmäßig klingen.

Man kann beobachten, daß der Daumen beim Aufstrich ein wenig von der Bogenspitze wegrollt, aber daß er mindestens so viele vertikale wie horizontale Bewegungen ausführt, die mit einem leichten Heben des Handgelenks oder Fallen der Hand und den sich etwas ausdehnenden Fingern koordiniert werden. Man darf das Gefühl der «Brücke» in der rechten Hand nie verlieren und muß ein echtes Kontaktgefühl zwischen den Fingern und der Bogenstange entwickeln; damit eignet man sich allmählich einen festen und elastischen Halt an. Wir haben festgestellt, daß der Daumen am Anfang eines Aufstrichs den Bogen gegen den Uhrzeigersinn rollt (wie schon früher erwähnt, gerechnet nach dem Standpunkt, bei dem man vom unteren Ende des Bogens aus gegen die Spitze schaut). Es ist dies eher eine Empfindung, ein Gefühl als eine deutlich «sichtbare» Wirkung; denn das Rollen des Daumens gegen den Uhrzeiger wird durch das leichte Heben des Handgelenks, das den Bogen in die entgegengesetzte Richtung rollt, wieder ausgeglichen; die reine Wirkung ist praktisch kein *sichtbares* Bogenrollen! In gleicher Weise unterstützt der zweite Finger den Daumen, indem er den Bogen im Uhrzeigersinn gegen ihn drückt, um einen stärkeren Kontakt zu sichern; dieser Gegendruck bewirkt, daß die Bewegung kaum auffällt.

Denken wir daran, daß wir nicht leere Saiten streichen sollten, sondern gegriffene Intervalle. Ich finde Terzen (oder Quarten) am geeignetsten, weil sie die linke Hand zwingen, eine gesunde, erhöhte Stellung über dem Griffbrett beizubehalten. Immer wieder sollten wir prüfen, ob die linke Hand und der linke Arm passiv und weich sind. Die linke Hand soll vom Ellbogen aus gehoben bleiben und die Schulter locker hinunter und nach rückwärts fallen.

Gebundener Saitenwechsel mit Akzent

Übung 2
Erst wenn wir die erste Übung beherrschen, können wir diese zweite folgen lassen. Ich habe hier Betonungen oder Akzente auf die erste und die dritte Note jeder Fünfergruppe hinzugefügt. Die fünfte Note wird nicht betont, damit man den Akzent auf der ersten Note der folgenden Gruppe vorbereiten kann. Dieser fünfte Ton soll wirklich weich und sanft in den neuen Strich überfließen.

Wir haben als allgemeine Regel festgehalten, daß die rechte Schulter beim Abstrich nach vorn «schwebt», um für die Striche Platz zu machen, und daß sie aus demselben Grund beim Aufstrich nach hinten «schwebt». Wenn wir jedoch wegen der Betonung oder des Volumens Gewicht auflegen wollen, müssen wir mit diesem Vor- und Rückwärtsschweben etwas zurückhalten, damit wir das Gewicht der Schulter in den Abstrich «ziehen» und in den Aufstrich «stoßen» können. Diese Bewegung muß man mit den verschiedenen Stufen von «Tragen» des Arms koordinieren, die man für leise oder laute Striche braucht.
In dieser Übung akzentuieren wir die Noten, bei denen sich der Daumen vorwiegend in der «Normalstellung» des betreffenden Strichs befindet: beim Abstrich ein wenig gebeugt und gegen die Spitze rollend, beim Aufstrich etwas verlängert und in die Gegenrichtung rollend. Wir stellen dabei fest, daß die Gelenke dazu neigen, beim Abstrich bei den akzentuierten Noten ein bißchen mehr hinunterzudrücken und sich im Aufstrich im Verhältnis zu den Fingerspitzen bei den akzentuierten Noten etwas mehr zu heben als bei den nicht akzentuierten.
Wenn wir auf die zweite und die vierte Note der tieferen Saite Akzente zu legen hätten, wäre ein wenig mehr Fingerarbeit erforderlich, weil die Grundhöhe des Arms

mit der Drei-Noten-Mehrheit auf der höheren Saite zusammenhängt. Wäre die letzte Note der zweiten Gruppe ebenfalls betont, dann hätten wir eine stärkere Armbewegung, da die Armhöhe mit der Mehrheit der Noten auf der tieferen Saite in Beziehung steht.

Übung 3

In dieser Übung kehren wir den Strich um; wir beginnen auf der tieferen Saite und spielen ohne Akzente wie in der ersten Übung. Wichtig ist jetzt die entgegengesetzte Drehung beim Saitenwechsel. Auf diese Weise fällt der Arm beim Wechsel vom Abstrich zum Aufstrich an der Spitze, statt sich wie in der Übung 1 zu heben, und beim Frosch muß er sich vor dem Abstrich heben, statt wie in der Übung 1 zu fallen.

Diese letzte Drehung am Frosch verlangt von uns ein sehr feines Gefühl für das Gewicht im Arm und größte Empfindsamkeit der Finger für das Auswägen des Bogens. Wir müssen die winzigen Angleichbewegungen lernen, die von den Fingern und vom Handgelenk zu machen sind, damit der Bogen gerade und parallel zum Steg gehalten werden kann, und vor allem, um bei diesem Strichwechsel am Frosch einen gleichmäßigen Ton zu halten. Beim Wechsel von der A-Saite zur D-Saite am Frosch, also vom Aufstrich zum Abstrich, darf der Bogen nicht wegen des Gewichts seiner Länge auf die tiefere Saite fallen, sondern der vierte Finger muß dieses Gewicht tragen und dafür sorgen, daß der Bogen parallel zum Steg bleibt. Zu Beginn des Abstrichs sollte

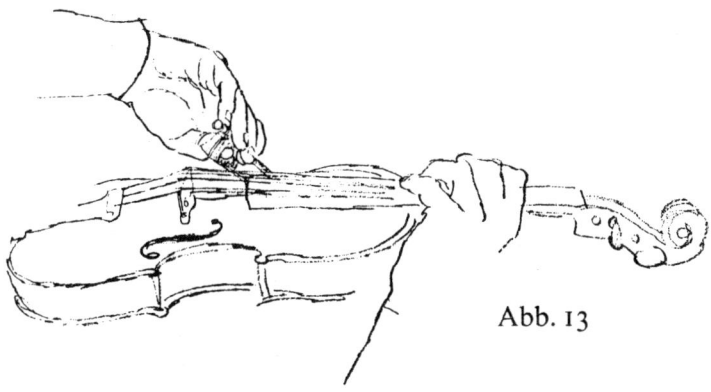

Abb. 13

man dann auch besser auf den äußeren Haaren des Bogens statt auf den inneren spielen (Abb. 13). Wird der Bogen beim Richtungswechsel weiter in die Hand hinaufgezogen, so wird dies weniger wichtig sein.

Übung 4
Nun wollen wir die betonte oder akzentuierte Note auf dieselbe Art anwenden wie in Übung 2. Bei Gruppen von fünf Noten akzentuieren wir wieder nur die erste und die dritte Note und lassen die fünfte unbetont, damit wir den Akzent auf der ersten Note der folgenden Gruppe leichter vorbereiten können.

Wenn wir auf tieferen Saiten mit Akzenten auf tieferen Noten beginnen, werden wir den Daumen so biegen wollen wie für die Akzente auf den höheren Noten. Der Ellbogen wird sich deshalb verhältnismäßig höher heben müssen, damit die Hand die gleiche Stellung annehmen kann.

Punktierte Rhythmen im Détaché

Übung 5
Hier führen wir einen punktierten Rhythmus in den Strich ein. Wir beginnen mit den fünf Noten, wie wir sie in der ersten Übung im Abstrich benützen; bei den beiden abwechselnden Noten auf der tieferen Saite nehmen wir sehr schnelle, weiche, kurze und leichte Aufstriche, die den ganzen Bogenstrich kaum unterbrechen. Umgekehrt werden im Aufstrich auf der höheren Saite die beiden Noten mit sehr raschen, leichten Abstrichen genommen, die ebenfalls den Bogenstrich kaum unterbrechen. Damit beginnen wir wirklich, die wellenförmige Bewegung so weit zu entwickeln, daß sie uns alle andern Bewegungen erschließt.

Übung 6

Wir spielen denselben punktierten Rhythmus wie in Übung 5, beginnen aber wie im Beispiel der dritten Übung auf der tieferen Saite. Wir nehmen den ganzen Abstrich auf die ersten fünf Noten und den ganzen Aufstrich auf die zweiten fünf Noten. Den Bogen teilen wir gleichmäßig ein und benutzen nur wenig davon für die kurzen Noten.

Übungen 7 und 8

Jetzt kann man die fünfte und die sechste Übung variieren. Wir benützen einen langen, schnellen Strich auf der kurzen Note und einen sehr kurzen und langsamen Strich auf der langen Note. Dies ermöglicht uns, bei jeder Gruppe von fünf Noten die ganze Länge des Bogens zu gebrauchen, wie wir es in den vorherigen Übungen gemacht haben. Wir lernen damit auch, mit verschiedenen Geschwindigkeiten des Bogens zu spielen.

Vorbereitung auf den wiederholten Strich («Retake»)

Übung 9

Nun werden wir zum erstenmal den Ton, das heißt, wir werden den ständigen Kontakt des Bogens mit der Saite unterbrechen.

Wie in Übung 1 ziehen wir den Bogen im Abstrich über fünf Noten mit einem stetigen, glatten Strich. Jetzt machen wir dasselbe, ohne die Noten auf der tieferen Saite zu spielen. Mit andern Worten, wir verlassen die höhere Saite, als wollten wir die

Noten auf der tieferen spielen, lassen aber den Bogen die tiefere Saite nicht berühren. Das Gegenteil geschieht beim Aufstrich, währenddem wir die drei Noten auf der tieferen Saite anspielen und die beiden Noten auf der höheren Saite auslassen. Man braucht dazu dieselben Arm-, Handgelenks- und Fingerbewegungen. Angenommen aber, man spielt auf der A- und der D-Saite, dann wird man während des Abstrichs nicht bis zur D-Saite und während des Aufstrichs nicht bis zur A-Saite gelangen. Das Heben muß wellenartig erfolgen, als ob man die stummen Noten *spielen* würde. Hören werden wir folgendes:

Die gespielten Noten sollen gleichmäßig und ruhig, ohne Akzent klingen.

Übung 10
Es ist dieselbe Übung wie die neunte, – aber man beginnt den Abstrich auf der tieferen Saite und den Aufstrich auf der höheren. Vergessen wir nicht, die Bewegungen des Daumens und der Knöchel zu kontrollieren! Bei dieser Übung wird man im Abstrich nur die drei tieferen und im Aufstrich nur die drei höheren Noten hören.

Das Détaché

Übung 11
Wir nehmen für jede Note einen Bogenstrich, alle Striche gleich lang und im selben Bogenabschnitt. Die nächsten Übungen machen wir wie vorher auf drei Saitenpaaren

und in vier Vierteln des Bogens. Wir beginnen wie in der ersten Übung mit dem Abstrich auf der höheren Saite:

In *Détaché*-Strichen, die zwischen zwei Saiten abwechseln, beobachten wir nicht nur die verschiedenen vertikalen Bewegungen, die im auf der höheren Saite beginnenden Abstrich und im Aufstrich, der auf der tieferen Saite beginnt, vorkommen, sondern wir sehen auch, daß der längere horizontale Strich mit dem Abstrich und die größere vertikale Bewegung mit dem Aufstrich verbunden ist. Den Bogen muß man am Frosch, wo er während eines größeren Falls am schwersten ist, beherrschen. Bei diesem Strich müssen wir eine verfeinerte Kontrolle über den Bogen haben, um Kratzen auf den tieferen Saiten zu vermeiden.

Ganz besonders nützlich ist es, das *Détaché* am Frosch zu üben. Es gibt zwei extreme Arten von *Détachés* mit unendlich vielen Zwischenstufen von Tempo, Kraft und Strichlänge. Die erste Art verlangt ein mäßiges Tempo und erfordert beinahe nur die Armbewegung und keine Handgelenks- oder Fingerbewegung und auch keine Schwungkraft. Man benützt ungefähr ein Viertel des Bogens und hält ihn ohne jede Anstrengung ausbalanciert – die Hand hängt, doch nicht locker. Die zweite Form besteht aus sehr schnellen, kleinen, kurzen Bogenstrichen mit weichem Handgelenk, weichen Fingern und verhältnismäßig wenig Armbewegung, die hier auf eine Wellenform beschränkt ist.

Übung 12
Der gleiche Anfang mit dem Abstrich auf der tieferen Saite der Saitenpaare.

Man wird feststellen, daß die Schwingungsweite der Handgelenksbewegung in Übung 11 ausladender ist als in Übung 12. Dies kommt daher – wieder angenommen, man spielt auf der A- und auf der D-Saite –, daß die tiefere Ebene des Arms auf der A-Saite zur tiefer liegenden Ebene des Handgelenks im Abstrich hinzukommt. Die Be-

107

wegungsweite des Handgelenks in der zwölften Übung nimmt entsprechend ab, weil die höhere Ebene des Arms auf der D-Saite von der tieferen Stellung des Handgelenks (und der Knöchel) im Abstrich *abgezogen* wird. Wir üben die Übungen 11 und 12 *pianissimo, piano* und *mezzoforte.*

Übung 13
Diese Übung ist wie Übung 11 – nur sind diesmal in der ersten Fünfnotengruppe die Abstriche laut und die Aufstriche leise, in der zweiten Gruppe sind umgekehrt die Aufstriche laut und die Abstriche leise. Die letzte Note jeder Gruppe sollte leise sein, so läßt sich das *forte* für den neuen Strich um so besser vorbereiten.

Übung 14
Diese Übung ist ähnlich wie Übung 13; wir beginnen jedoch mit dem Abstrich auf der tieferen Saite.

Die Übungen 13 und 14 spielen wir auf drei Saitenpaaren und in den vier Vierteln des Bogens. Wir spielen sie auch in den folgenden Rhythmen:

Der «Retake» (wiederholter Bogenstrich)

Übung 15
Diese Übung beruht auf Übung 13, aber man spielt nur die *forte*-Noten an und berührt die Saiten für die *piano*-Noten nicht. Man sollte den gleichen Klang wie in

Übung 9 hören. Dies sind die ersten wirklichen «Retakes». Man wird feststellen, daß es zunehmend schwieriger wird, je näher an der Bogenspitze man diese Noten spielen will. Es verlangt dies große Beherrschung der Finger und Lockerung von der Schulter aus, um den Bogen ruhig auf die Saite zu setzen und eine bestimmte Bogenlänge zu streichen. Wenn wir an diesen «Retakes» im oberen Teil des Bogens arbeiten, können wir auch sehr kurze fallende oder aufprallende Striche verwenden. Man muß spüren, daß der Bogen wirklich fällt und von den Fingern wieder aufgefangen wird.

In schnellen Aufstrichen genügt meistens der Daumen mit dem zweiten und dem ersten Finger, ausgenommen im Moment, da der Bogen erstmals von der Saite aufgehoben wird, bevor der Wurf oder Aufprall beginnt – dabei sind die anderen Finger ebenfalls wichtig.

Denken wir daran, daß der Bogen, nachdem er auf die Saite gefallen ist, durch die sich verbindende Elastizität der Saite, der Stange und der Bogenhaare zurückprallt, und daß der Bogen um so freier hüpfen kann, je weniger Finger an der Stange bleiben. Aber der erste und der zweite Finger, die den Bogen halten und einander unter Umständen beinahe berühren, müssen einen guten, elastischen Halt haben, da sie ja den Bogen bei jedem «Retake» in einen Aufstrich stoßen.

Die Stelle am Bogen, an welcher die «Retakes» ausgeführt werden, ist entscheidend, und sie hängt vom Tempo, von der Länge und vom Volumen des gewünschten Tons ab. Je näher am Frosch wir spielen, desto langsamer, länger und lauter werden die Striche und desto besser muß der dritte Finger ausbalancieren. Umgekehrt: je näher an der Spitze man spielt, desto hüpfender, kürzer, trockener und leiser wird der Klang.

Die beste durchschnittliche Stelle (wie zum Beispiel für den letzten Satz des Mendelssohn-Konzerts) liegt einerseits tief genug am Bogen, daß der Ellbogen nach unten weist, während das Handgelenk mit den Fingern fallen kann und so eine richtige Wiederholung des Strichs erzeugt. (Weiter oben am Bogen ist der Winkel des Handgelenks für einen schön klingenden Strich ungünstig). Andererseits muß die Stelle jedoch hoch genug liegen, daß der Bogen auf natürliche Weise abprallen kann, daß ein gutes Tempo und Leichtigkeit möglich sind und daß wir nur den zweiten und den ersten Finger und den Daumen brauchen müssen. Das Handgelenk bleibt immer weich.

Es ist die gleiche Übung wie die vierzehnte, doch beginnen wir die Abstriche auf der tieferen Saite wie in Übung 13. Nur die *forte*-Noten sind hörbar, Ton und Rhythmus sollen ähnlich wie in Übung 10 klingen.

Übung 17

Diese Übung ist wie Übung 13, aber der Strich ist lang und der wiederaufgenommene, unhörbare Strich sehr schnell; er ist sozusagen der Auftakt zum tönenden, langen Strich.

Übung 18

Diese Übung ist der siebzehnten ähnlich, beginnt aber mit dem Abstrich auf der tieferen Saite.

Unterbrochene Bogenstriche (das Martelé)

Übung 19

Wir beginnen unsere neue Reihe wieder auf zwei Saiten und binden immer zwei Noten zugleich, unterbrechen aber den Strich zwischen jedem Notenpaar. Dies ist der Anfang des scharfen Akzents, der scharfen Attacke des *Martelés* und des *Staccatos*. Bevor wir mit dieser Übung fortfahren, möchte ich das Prinzip des scharfen Akzents erklären. Die plötzliche Attacke entsteht durch Loslassen des angewandten Drucks gleich am Anfang des Strichs. Der Druck wird folgendermaßen erzeugt: Wir beginnen den Strich weich, ohne die Note zu spielen; alle Gelenke des rechten Arms von der Schulter bis zu den Fingern sind weich. Dann wenden wir Druck an, indem wir das Gewicht des Arms auf den ersten Finger übertragen, der nun dazu neigt, sich unter dem gleichzeitig zunehmenden Gegendruck des Daumens die Stange ein wenig hinaufzubewegen. Jetzt halten wir den Bogen sehr fest, und sein Druck auf die Saite hindert ihn daran, sich zu bewegen. In diesem Augenblick lassen wir den Druck los; wir lösen den Widerstand der Finger (manchmal heben wir sogar den vierten und den dritten Finger auf) und lassen den Arm mit einem sehr raschen Anfangsruck den Bogen ziehen. Es kann nicht genug betont werden, daß das *Martelé* tatsächlich ein Loslassen des vorher angewandten Drucks ist.

Deshalb muß ein fester Griff am Bogen entwickelt werden, aber diese Festigkeit darf ja nicht die Weichheit des Handgelenks, die immer gleich bleiben muß, beeinflussen.

Jetzt kommen wir zu unserer ersten Übung. Wir beginnen jedes gebundene Notenpaar leise zu spielen und enden abrupt auf der lauteren, tieferen Note. Im Aufstrich fangen wir wieder leise auf der tieferen Saite an, brechen den Strich auf der höheren Saite jäh ab und machen jedesmal ein *crescendo* von *piano* bis *forte*.

Diese Methode zwingt uns, jeden kurzen Strich leise zu beginnen. Die Unterbrechungen macht man so lang, wie nötig ist, um die Spannung völlig zu lösen und durch Balance zu ersetzen. Diese und die folgenden Übungen werden mit ganzem Bogen ausgeführt.

Übung 20
Diese Übung ist die gleiche wie Übung 19, beginnt aber mit einem Abstrich auf der tieferen Saite eines Notenpaars.

Übung 21

Um die Attacke zu üben, beginnen wir den ersten Ton jedes Notenpaars *sforzato* und führen ihn mit einem *diminuendo* zur zweiten gegriffenen Note. Vergessen wir nicht, am Anfang jedes Strichs den Druck auf dem Bogen und der Saite zu lösen und zu entspannen. Die Unterbrechung zwischen den Notenpaaren soll genügend Zeit lassen, um die Spannung, die der Auslösung vorausgeht, wieder zu entwickeln.

Nebenbei ist jedoch zu bemerken, daß eine noch kräftigere und schärfere Attacke im *Martelé*-Strich erzielt wird, wenn man, in der Luft beginnend, auf der Saite landet, wenn sich der Bogen bereits bewegt. Die entsprechende Bewegung ist jene, die wir in der Lektion 2 für ganze Bogen mit frei schwingendem Arm besprochen haben.

Übung 22

Die gleiche Übung wie Übung 20, aber man beginnt mit dem Abstrich auf der tieferen Saite und mit dem Aufstrich auf der höheren Saite.

Die Übungen 19, 20, 21 und 22 können auch mit drei, vier oder fünfeinhalb «Wellen»-Paaren für jeden Strich gespielt werden, und nicht nur, wie beschrieben, mit zweieinhalb Paaren (fünf Noten) für den ganzen Bogenstrich.

Weitere «Retakes»

Diesmal wollen wir statt längerer wiederholter Bogenstriche sehr kurze machen. Ich möchte, daß man sich in den folgenden Übungen etwa vorstellt, daß der sehr kurze Strich zu einer etwas komplizierteren Gruppe von nicht angespielten Strichen gehört. Nehmen wir zum Beispiel an, wir spielen die ersten drei Noten der Übung 11, lassen aber nur die erste Note klingen. Wir würden mit dem Handgelenk und den Fingern eine vollständige Welle in der Luft beschreiben und in der Anfangsstellung enden, das heißt im Ruhestadium einer Abstrichstellung. Die Vorbereitung auf die nächste gespielte Abstrichnote wäre ein sehr schneller, stummer Aufstrich in der Luft.

Übungen 23 und 24

In diesem rhythmischen Beispiel beginnen wir auf der tieferen Saite und machen diese Übungen so, wie wir die längeren «Retakes» in den Übungen 15 und 16 ausgeführt haben.

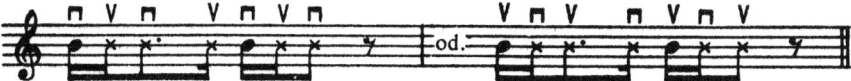

Die Aufstrich-Version der Übung 23 verläuft in den gleichen rhythmischen «Wellen», wie für den Abstrich beschrieben, aber in die entgegengesetzte Richtung; mit andern Worten, der Ruhemoment folgt auf die kurze Note, die eine vollständige Welle wird nach dem Aufstrich in der Luft ausgeführt, und dem nächsten kurzen Aufstrich-Ton geht ein sehr schneller Abstrich in der Luft voraus. Diese Übungen dienen zur Ausbildung der sehr raschen Reflexbewegungen, die man für die Bogenführung braucht. In der Übung 24 wird dasselbe Prinzip wie in Übung 23 angewendet, aber mit einem anderen rhythmischen Beispiel. Der Ruhepunkt wird beim Aufstrich in der Luft liegen, unmittelbar vor dem kurzen angetönten Abstrich. Die rhythmische Struktur ist anders, aber die Aufeinanderfolge der Bewegungen bleibt dieselbe. Dies gibt eine vollständige Abstrichwelle, die aus drei Teilen besteht, als ob man sehr schnell die ersten drei Noten der Übung 11 spielte, unmittelbar gefolgt vom entspannenden, pausierenden Aufstrich in der Luft.

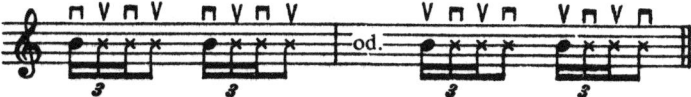

Wir wiederholen die Übungen 23 und 24, aber mit einer *Martelé*-Attacke, dem plötzlichen Start des Bogens, direkt von der Saite aus. Wie wir wissen, ist dies ein Loslassen des Drucks. Mit der Zeit lernt man «Retakes» zu machen, bei denen jeder Ton mit dieser scharfen, einschneidenden Attacke beginnt. Die angespielte Note soll für unseren Zweck nicht laut sein. Je leiser der Ton, desto besser wird das Loslassen und desto größer die Beherrschung des Drucks.

Das Tempo beim Saitenwechsel

Übungen 25 und 26
Wir üben mit unserer grundlegenden Reihe von Saitenpaaren. Es sind dieselben
Übungen wie die siebzehnte und die achtzehnte, aber mit einem schnellen, punktierten Rhythmus mit abwechselnd langsamen und raschen Bogenstrichen. Der Bogen
bleibt auf den Saiten und erzeugt dadurch einen ununterbrochenen Ton. Wir üben
diese Striche mit drei Dritteln des Bogens, mit zwei Hälften und sogar mit ganzen
Bogenstrichen.

Übungen 27 und 28
In diesen Übungen sind die Noten kurz, und der Bogen ist nach jedem Paar schneller
Töne in der Luft. Wir üben dies in drei Bogendritteln.

Verschiedene Intervalle für die Strichübungen

Übung 29
Für den Geiger auf dieser Stufe ist es eine große Erleichterung, daß er sich verschiedener Intervalle bedienen kann. Er benützt bereits drei Saitenpaare. Wenn er in Terzen spielt, kann er den ersten und den dritten oder den zweiten und den vierten Finger dazu nehmen. In Quarten benutzt er den ersten und den zweiten, den zweiten und
den dritten oder den dritten und den vierten Finger. Er soll aber auch in Oktaven

spielen und kann dazu den ersten und den vierten Finger nehmen, und – was das allerbeste ist – wenn seine Hand elastisch genug ist, sollte er das Intervall des Einklangs mit dem ersten Finger auf der höheren und dem vierten Finger auf der tieferen Saite benutzen. Oktave und Einklang sind wunderbare Übungen für die automatische Angleichung der Finger an die Erfordernisse der Intonation.

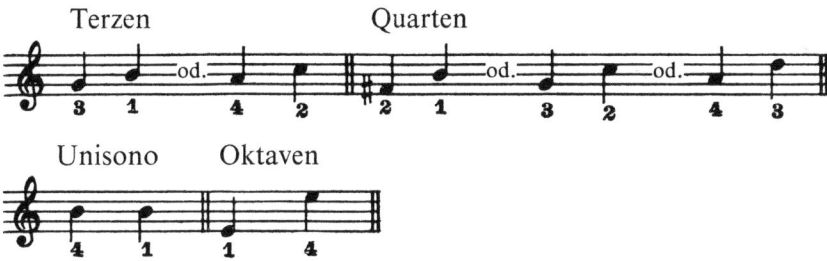

Verschiedene Martelé-Striche

Übungen 30 und 31
Diese *Martelé*-Striche spielen wir sowohl im Abstrich als auch im Aufstrich; der Bogen bleibt auf der Saite, ist aber zwischen den Strichen völlig passiv und ruhig. Denken wir daran, daß das *Martelé* ein Loslassen des Drucks und zugleich eine Attacke ist!

Diese beiden Übungen spielen wir in zwei Bogenhälften und mit ganzen Bogenstrichen. Wenn man Tonleitern spielen kann, sollte man dazu diesen Strich verwenden.

Übung 32
Jetzt werden wir das *Martelé* mit dem ganzen Bogenstrich aus den Übungen 30 und 31 mit dem schnellen Auftakt aus den Übungen 25 und 26 verbinden.

Unmittelbar vor jedem *Martelé*-Strich, nachdem der Bogen am Ende des vorangegangenen *Martelés* stillgestanden ist, wird eine sehr kurze, schnelle Note stehen. Diese wird einen punktierten Rhythmus erzeugen, bei dem man den ganzen Bogen benützt. Es soll auch mit halben Bogen sowie Drittels- und Viertelsbogen geübt werden.

Übung 33
Dieselbe Übung wie vorher, aber mit Beginn auf der tieferen Saite.

Übung 34
Diese Übung ist das Gegenteil der beiden vorangehenden Übungen: der Bogen wird, ohne die Saiten zu berühren, durchgetragen, und man spielt an jedem Ende abwechselnd zwei sehr kurze und schnelle Noten; Abstrich/Aufstrich an der Spitze, Aufstrich/Abstrich am Frosch und, was noch schwieriger ist, Abstrich/Aufstrich am Frosch, danach Aufstrich/Abstrich an der äußersten Spitze. Dies erfordert eine bewegliche Arbeit der Schulter.

Dies ist natürlich eine sehr nützliche Übung für das *Spiccato,* zu dem wir bald kommen werden.

Das Ricochet

Übung 35
Nun sind wir weit genug, um die in Lektion 2 begonnenen *Ricochet*-Übungen über einige Stufen weiterzuentwickeln.
Zuerst wollen wir die Anzahl, das Tempo und die Höhe der Aufprallbewegungen beherrschen lernen. Wir ziehen den Bogen bewußt etwas langsamer als in unseren früheren Versuchen. Nach etwa vier Prallern «fangen» wir den Strich «auf», indem wir den Bogen mittels Druck des vierten Fingers, verbunden mit einem scharfen Strich in die Gegenrichtung, aufheben. Wenn wir diese Bewegung wiederholen, erhalten wir folgendes Notenbild:

Zuerst variieren wir, indem wir mit einem Aufstrich beginnen. Dann wechseln wir das Tempo des Horizontalstrichs. Anschließend versuchen wir, verschiedene Tempi auf verschiedenen Bogenteilen zu spielen, um herauszufinden, welches Tempo jedem Bogenteil am besten entspricht. Wir verändern auch die Druckstärken des vierten Fingers, wodurch der Bogen aus verschiedenen Höhen fallen wird. Wir versuchen, sechs, acht, zwölf oder sogar sechzehn Aufpraller zu machen, und experimentieren mit verschiedenen Tempi des horizontalen Strichs, während der Bogen weiter aufprallt; auf diese Weise erhalten wir ein *Rallentando* und ein *Accellerando* innerhalb einer Reihe von *Ricochets*.

Übergang zum Spiccato

Übung 36
In dieser nächsten Stufe kommen wir zum fortgesetzten Aufprallen:

Wir versuchen, die Stärke des Impulses auf den ersten Ton jeder Vierergruppe zu variieren, mit dem Ziel, ihn auf das absolute Minimum zu bringen. Mit Übung sollte es möglich sein, durch eine fast unmerkliche Neigungsänderung der Hand zwischen Auf- und Abstrich genügend Impuls zu erhalten, um den Aufprallvorgang während des Strichwechsels weitergehen zu lassen.

Dann spielen wir in Dreiergruppen: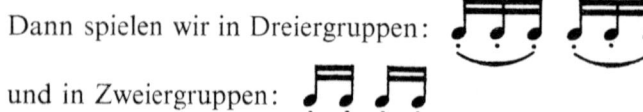

und in Zweiergruppen:

und schließen mit einem einfachen Auf- und Abstrich-*Spiccato*, das wir mit verschiedenen Tempi und auf verschiedenen Stellen des Bogens ausprobieren. Wir sollten nicht bewußt versuchen, den im Laufe dieser Übungen erreichten Zustand des Handgelenks und der Finger zu verändern.

Das Spiccato

Übung 37

Dieses grundlegende *Spiccato* mit Saitenwechsel ist wie folgt zu üben (denken wir dabei daran, daß der Wechsel der Strichebene mit dem ganzen Arm ausgeführt wird): Wir wiederholen jede Note viermal, dann zweimal, darauf dreimal und schließlich einzeln, wie sie gedruckt sind. Man beginnt zuerst mit dem Abstrich und dann mit dem Aufstrich.

Übung 38

Bevor wir versuchen, die ziemlich schwierige Grundform des *Spiccatos* zu variieren, wollen wir jetzt auf das *Ricochet* zurückgreifen. Dieses Mal verbinden wir es mit einem Wechsel über zwei Saiten, weil wir hier einen Mechanismus anwenden, der eine erweiterte, leichter zu erfühlende Version der Technik bei den weicheren *Spiccato*-Arten ist.

In der folgenden Übung haben wir die Absicht, das *Ricochet* nicht mit einem scharfen Strich in der Gegenrichtung und einem durch Druck des vierten Fingers aufgehobenen Bogen abzufangen, sondern den Bogen sanft auf die benachbarte Saite zu setzen, einen ziemlich langen Ton zu ziehen und die nächste *Ricochet*-Gruppe zu beginnen, indem wir den Bogen von der Saite sanft wegnehmen, ihn also diesmal nicht von oberhalb der Saite fallen lassen.

Wir beginnen ohne jegliches *Ricochet:*

Der Arm liegt auf einer Ebene, die sich zum gleichzeitigen Spielen auf beiden Saiten eignet; den Saitenwechsel führen wir nur mit dem Handgelenk und den Fingern aus. Dann übertreiben wir die Größe der Saitenwechsel-Bewegung, geben vor den Aufprallnoten einen kleinen Ruck oder Schlag und lassen die Finger dabei sofort frei. Am Ende des *Ricochets* setzen wir den Bogen wieder auf der benachbarten Saite auf, indem wir den Halt der Finger ein wenig verstärken, so daß die Abprallneigung gedämpft wird. Durch den Beginn mit sechs oder acht Absprüngen hat man mehr Zeit, die feine Anpassung des Muskeltonus zu spüren, die für diesen Effekt nötig ist.

Hat man dieses Gefühl einmal erworben, dann ist es einfach, die Anzahl der Aufprallvorgänge zu verringern und auch die übliche geigerische Schreibart verstehen zu lernen:

Die gleiche gegenseitige Beziehung zwischen dem Tempo des Aufprallens und dem des horizontalen Strichs gilt auch für die hier gezeigte Art des *Ricochet,* wenn wir diese Strichart auf nur einer Saite spielen. Es ist immer noch eine Welle da, aber eine flachere.

Man wird feststellen, daß das Aufstrich-*Ricochet* dieser Art einen stärkeren Antrieb braucht und daß bei sechs oder acht Aufprallern tatsächlich ein wenig Hilfe nötig ist, um es in Bewegung zu halten. Wir schlagen vor, durch eine Aufstrich-Stellung der Hand nachzuhelfen (Lektion 2, Abb. 22), die so übertrieben ist, daß sie die Bogenstange ganz vom Spieler wegdreht. Mit dieser Handstellung wird man die Neigung des Unterarms feststellen, den Sprungbewegungen des Bogens durch Rollbewegungen zu folgen. Durch dem passiven hinzugefügtes absichtliches Rollen sollte man diese

Neigung noch verstärken – ein recht feines Kunststück von Koordination! Auf diese Weise wird es uns gelingen, die Aufpraller im Aufstrich erstaunlich nahe am Frosch fortzusetzen. Hier haben wir die Grenze zwischen dem *Ricochet* und dem fliegenden *Staccato* überschritten.

Unser gemildertes *Ricochet* zeigt den Weg zu einem gemilderten *Spiccato*. Man könnte einwenden, daß dieser Weg im Kreis herum zu einem einfachen Strich führt; aber den anscheinend komplizierteren *Ricochet*-Strich können wir tatsächlich leichter erzeugen, nachdem wir die Aufprallvorgänge mittels der besprochenen Methoden analysiert haben. Wir brauchen nun nichts anderes mehr zu tun, als den Bogen im gewünschten Tempo zu ziehen. Jedoch, bei jenen *Spiccato*-Arten, die in einem Teil des Bogens gespielt werden, bei dem das Bogengewicht teilweise gestützt werden muß, macht das «Tragen» häufig Mühe, weil einerseits der Bogen mit so festem Griff gehalten werden sollte, daß der natürliche Aufprall wegfällt und der Bogen bewußt geworfen werden muß, und andererseits der feste Griff der ausgleichenden Bewegung des Handgelenks und der Finger, die den Bogen parallel zum Steg hält, entgegenwirkt; dadurch streicht der Bogen beim Auf- und Abstrich die Saite in verschiedenen Winkeln, was die Unebenheit, die durch das absichtliche Werfen des Bogens entsteht, noch verschlimmert.

Übergang vom Spiccato zum Détaché

Mit der Grundform des ziemlich schwierigen *Spiccatos* sollten wir eine solche Beziehung zwischen Arm, Handgelenk und Fingern erreicht haben, daß – obschon ausgleichende Bewegung stattfindet und der Bogen parallel bleibt – praktisch keine andere Widerstands-Bewegung von Handgelenk und Fingern stattfindet. Mit andern Worten, die ganze Strichlänge wird vom Arm übernommen. Wenn wir es jetzt der Hand überlassen, eine sanftere Peitschen-Bewegung durchzuführen, mit der wir das weiche *Ricochet* nach beiden Richtungen gehen lassen, stellen wir fest, daß der Strich im gleichen Maße wie das Handgelenk und die Finger weicher wird, bis er schließlich in Form eines sanften *Détachés* zur Ruhe kommt. Eine wesentliche Vorbedingung dieser Übergangsübung ist das Beibehalten der gleichen Länge der Armbewegung, während die Spannung im Handgelenk und in den Fingern allmählich nachläßt. Verkürzen wir dagegen die Armbewegung, während wir dem Handgelenk und den Fingern mehr Spiel lassen, werden wir die Praller tatsächlich verstärken bis zu dem Punkt, wo der Arm so gut wie stillsteht, Handgelenk und Finger vollständig «ausfallen» und der Aufprallvorgang unkontrollierbar ist. Die Arm- und die Handbewegung in ein richtiges Verhältnis zueinander zu bringen, ist wirklich ein verläßliches Mittel, den Grad des Aufpralls zu bestimmen. Dieser Grad kann beim Üben auch durch die Drehung des Bogens oder durch Spielen an einer anderen Strichstelle verändert werden. Die Wahl der Methode wird vom Tempo, von der Dynamik und vom gewünschten Ausdruck abhängen.

Rasches Spiccato (Sautillé)

Diese Anpassung erhält in den schnelleren *Spiccato*-Strichen eine andere Bedeutung; hier kann die durch die Peitschbewegung der Hand hinzugefügte Länge eine entsprechend verminderte Armbewegung erlauben. Dies macht das Spielen längerer, schneller *Spiccato*-Passagen viel weniger ermüdend. Man kann den Vorteil dieser Handgelenks- und Fingerbewegungen am besten ausnützen, wenn der Arm für die Auf- und Abbewegung des Handgelenks genügend nach innen gedreht wird, um in die Ebene des Strichs gebracht zu werden, ohne dadurch die Reaktion der Finger auf die horizontale Bewegung zu behindern. Zur Förderung der Peitschbewegung sind kurze *Martelé*-Striche, die nur mit den Fingern und dem Handgelenk hervorgebracht werden, oft nützlich. Diese Ausführung zeigen Abb. 15 und 16 in der Lektion 2.

Der ausgehaltene Strich

Wahrscheinlich ist der wichtigste Strich beim Geigenspiel der, welcher einen reichen, getragenen Ton hervorbringt (vgl. Abschnitt B des Grundstrichs in Lektion 4). Ich möchte darauf hinweisen, daß in diesem Bereich nicht der Druck auf die Saite das entscheidende Moment ist, sondern vielmehr die Schwingungsweite der Saite, die durch den Bogen hervorgerufen wird. Man kann leicht beobachten, daß ein zu starker Druck diese Schwingungen «zermalmt». Wir können dies leicht ausprobieren, wenn wir den Bogen mit übermäßigem Druck näher zum Griffbrett ziehen. Hier, wo sich die natürliche Vibration der leeren Saite merklich verbreitert und auch an Kraft verliert, kann der Ton durch einen zu starken Druck «zerquetscht» werden. Umgekehrt, zu nahe am Steg, das heißt an einem Punkt, an dem die Saitenvibration sehr straff und eng, aber doch sehr kräftig ist, verstärkt der Bogenstrich die Vibrationen, statt sie zu zerdrücken und zu verlangsamen. Der so hervorgebrachte Ton hat einen pfeifenden Klang, der als *Ponticello* (von *ponte* = Brücke oder Steg) bezeichnet wird. Will man also auf der Geige einen warmen und schönen Ton hervorbringen, muß man erstens die Stelle finden, an der die Vibrationen genau die nötige Schwingungsweite haben. Dies hängt von der Länge der vibrierenden Saite ab; in höheren Lagen wird der vibrierende Teil der Saite allmählich verkürzt, und die Proportionen verändern sich ebenfalls entsprechend. Zweitens muß man genügend Druck anwenden, um die Saite in Bewegung zu setzen und die Vibrationen zu erhalten, ohne sie zu ersticken. Drittens muß man den Bogen genau im rechten Winkel über die Saite ziehen. Bei kurzen Akzenten wird der zusätzliche Druck in die Richtung des Strichs gegeben, haben wir aber lange, ausgehaltene *forte*-Noten auf einem ganzen Bogen zu spielen, dann erreicht man diesen Druck durch den Widerstand der Finger, die gegen die Strichrichtung arbeiten (vgl. Abschnitt B des Grundstrichs in Lektion 4).

Übung 39
Wir spielen auf zwei Saiten, halten den einen Ton ständig aus und spielen den zweiten in rhythmischen Abständen. Wollen wir gleichzeitig auf zwei oder – wie wir später sehen werden – sogar drei Saiten spielen, so muß die Bogenhaltung fest und doch elastisch genug sein, damit all die Anweisungen, die mit der Bogenrichtung, dem Saitenwechsel und den Druckvorgängen – mit allem, was wir in den bisherigen Übungen gelernt haben – zusammenhängen, befolgt werden können. Bei der Abstrich-Version halten wir den oberen Ton und spielen den unteren mit drei, vier und fünf Unterbrechungen auf einen Strich. In der Aufstrich-Version gehen wir gleich vor, wir halten die untere Note und spielen die obere mit Unterbrechungen, die nicht zu kurz sein sollten.

Wie wir sehen, ist diese Übung von den Übungen 1 und 3 abgeleitet, aber in Wahrheit erklimmen wir jetzt einen neuen Zweig der Bogentechnik.

Übung 40
Im Gegensatz zur vorangehenden Übung halten wir hier im Abstrich den tieferen Ton aus und spielen den höheren in Abständen; beim Aufstrich halten wir den oberen Ton und spielen den unteren mit Unterbrechungen.

Die Übungen 39 und 40 üben wir mit langsamen *forte*-Strichen, mit einem festen, elastischen Halt – lang und weich.

Übung 41

Nach demselben Prinzip, aber auf drei Saiten.

Diese Übung verlangt einen kräftigen, aber immer noch elastischen Bogengriff. Im Abstrich halten wir gleichzeitig die beiden oberen Noten und spielen in Abständen auf der untersten Saite: im Aufstrich halten wir die beiden tieferen Töne zusammen und spielen auf der höchsten Saite mit Unterbrechungen.

Um drei Saiten gleichzeitig anzuspielen, muß für den Bogen eine Kontaktstelle gewählt werden, bei der sich die nötige Druckstärke, mit der man die mittlere Saite und die beiden andern in gleiche Linie bringen kann, mit der gewünschten Tonstärke und Tonqualität vereinen läßt. Es ist klar, je näher beim Griffbrett wir spielen, desto weniger Druck brauchen wir. Aber da gibt es noch einen Faktor – die Steifheit der Stange. Wenn man versucht, einen Akkord aus drei Noten mit einem sehr straff gespannten Bogen auszuhalten, stellt man fest, daß dazu viel weniger Druck nötig ist. Jedoch ich empfehle einen straff gespannten Bogen nicht, da man mit einer besonders fest gehaltenen Bogenstange eine ähnliche Wirkung zu erzielen vermag. Wir müssen aber dennoch die Elastizität in den Fingern der rechten Hand stets beibehalten.

Übung 42

In dieser Übung machen wir das Gegenteil von vorher. Wir beginnen mit einem Abstrich, halten die beiden tieferen Saiten ununterbrochen und spielen auf der höchsten

Saite in Abständen; im Aufstrich halten wir die beiden höheren Saiten und spielen auf der tieferen mit Unterbrechungen.

Ausführung der Übungen mit ausgehaltenem Strich
All diese Übungen (39 bis 42) sind für die Ausbildung des Arms und der Reflexe der Finger wichtig, da wir auf diese Weise lernen, die Reflexbewegungen ohne Unterbrechung abzuwechseln; die Übungen sind auch eine ausgezeichnete Vorbereitung, nicht nur auf den Saitenwechsel, sondern auch auf den Bogenwechsel, da der Bogen, bevor man den Strich wechselt, von der Saite abgehoben wird.
Die Übungen sollten auch paarweise ausgeführt werden. Die erste Übung beginnt man immer mit einem Abstrich auf der höheren Saite, die zweite Übung mit einem Abstrich auf der tieferen Saite.
Jetzt sollten wir auch einige Übungen auf zwei Saiten machen, mit einer geraden Anzahl von Noten (6, 4 und 2) bei jedem Strich. Die Bedeutung liegt darin, daß die Strichbewegung die Form einer Achterfigur annimmt, was die Elastizität außerordentlich fördert.

Das Staccato

Bei den *Staccato*-Übungen brauchen wir einen Strich, der sowohl große Festigkeit als auch Elastizität besitzt. Es ist eine Kombination unserer Reihe von unterbrochenen Tönen (Übung 9 u. ff.) und unserer ausgehaltenen, fest gegriffenen Töne (Übungen 39 und 40).

Übung 43
Mit einem einzigen Bogenstrich – zuerst Abstrich, dann Aufstrich – spielen wir eine Sequenz, die aus einer ausgehaltenen Note und drei schnellen Noten besteht, sozusagen in einem Zug. Die erste Note muß lang genug gehalten werden, damit der Arm nach den kurzen Noten völlig entspannen kann – der Klang bleibt ununterbrochen gleichmäßig.

Wir spielen diese Übung mit Gruppen von vier, fünf, sechs oder mehr schnellen Noten.

Übung 44
Zum Unterschied von Übung 43 wird jetzt der Ton nach der schnellen Notengruppe unterbrochen, und der Arm entspannt sich während einer Pause.
Diese Übung spielen wir nun mit Gruppen von vier oder mehr schnellen Noten.

Zwei weitere Staccato-Arten

Zum Unterschied vom gewöhnlich unkontrollierbaren *Staccato*, das durch eine absichtliche, beinahe bis zum Krampf erzeugte Spannung der Oberarmmuskeln ausgeführt wird, kann das bis zu einer ansehnlichen Schnelligkeit kontrollierbare *Staccato* auf verschiedene Arten erzeugt werden; ich empfehle die beiden folgenden Arten, die verhältnismäßig leicht zu erlernen sind.

Die erste wird durch eine Drehbewegung des Unterarms bewerkstelligt, von der wir bereits einen Vorgeschmack beim Aufstrich-*Ricochet* mit sanftem Abheben des Bogens erhielten, das, wie wir andeuteten, schon auf ein fliegendes *Staccato* hinauslief. Wenn wir diesem Strich ein wenig Gewicht vom Arm hinzufügen und den Unterarm kräftiger rollen lassen, erhalten wir ein festes Aufstrich-*Staccato,* dessen Tempo durch eine entsprechende Anpassung der Rollbewegung verändert werden kann. Im langsameren Strich wird die Länge des Unterarmrollens dadurch ergänzt, daß man den Bogen eine Strecke lang vom ganzen Arm tragen läßt; als Vorbereitung für den nächsten Impuls wird der Unterarm dann wieder einwärts gerollt. Wenn wir schneller werden, wird die ganze Armbewegung bis zu einem Punkt vermindert, an dem der Bogen nur noch vom Unterarmrollen bewegt wird.

Oft hilft es, die verschiedenen *Staccato*-Arten von einer anderen Seite anzugehen, und

125

zwar mittels eines *Portato*-Strichs, bei dem der Bogen nicht wirklich angehalten wird, sondern durch Rollen des Unterarms einen Wellen-Impuls erhält, der einem normalen eher langsamen *Legato*-Strich überlagert ist und ungefähr die oberen zwei Drittel des Bogens beansprucht.

Ich schlage vor, mit Viertelnoten *portato* zu beginnen, Auf- und Abstriche in einem ruhigen Tempo (♩ = 60) :

Dann spielen wir Achtelnoten *portato* innerhalb derselben Bogenlänge:

Im weiteren Verlauf verringern wir die Bogenlänge auf ungefähr die obere Bogen-hälfte, ohne das Tempo der Achtelnoten zu beschleunigen. Wenn wir den Unterarm wie vorher weiterrollen, werden wir finden, daß das *portato* ein abgesetzter Strich ge-worden ist. Je mehr wir die Bogenlänge für die acht Achtelnoten verkürzen, desto schärfer wird die Trennung. Man sollte sich merken, daß der Abstrich hier wirkungs-voller wird, wenn die Hand ihre Abstrichstellung übertreibt (Abb. 21, Lektion 2). Die so entstehende Bewegung kann nicht mehr als Unterarmrollen bezeichnet werden, da es eher eine kleine Auf-und-Ab-Bewegung des Handgelenks in der Strichebene ist. Der Klang des Abstrich-*Staccatos* ist dem des Aufstrich-*Staccatos* mit gerolltem Unterarm jedoch sehr ähnlich; und das Tempo ist ebenfalls kontrollierbar. Sowohl im Aufstrich- als auch im Abstrich-*Staccato* wird es nützlich sein, die Handhaltung bei Beschleunigung des Tempos zu übertreiben.

Die zweite *Staccato*-Art, die ich empfehle, ist eine Weiterentwicklung der Bewegung, die wir in den Übungen 25 und 26 dieser Lektion gelernt haben. Bei diesem *Staccato* gibt es kein bewußtes Unterarmrollen; es besteht aus einer langsamen *Détaché*-Be-wegung in die Hauptrichtung, begleitet von einer kaum wahrnehmbaren Bewegung der Hand in die Gegenrichtung mit gelockertem Halt.

Obwohl in der Praxis diese Rückbewegung derart verkleinert wird, daß sie beim langsameren *Staccato* nur noch als Gefühl einer Entspannung zwischen Impulsen empfunden und beim schnelleren Strich überhaupt nicht mehr gespürt wird, erscheint sie doch als Schlüssel zu dieser *Staccato*-Art und wird am besten auf folgende Weise geübt:

1. Wir spielen eine Gruppe von vier Triolenfiguren, beginnen an der Spitze und setzen den Aufstrich bis zum Frosch fort, so daß wir mit der zweiten Gruppe am Frosch beginnen und zurück bis zur Spitze weiterfahren können, wobei wir die Hand in einer übertriebenen Abstrichstellung halten.

2. Wir verkleinern die Rückbewegung.

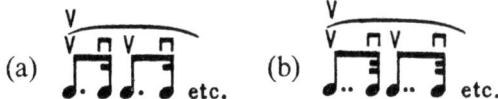

3. Schließlich gelangen wir zu:

Das Tempo wird durch die Verkleinerung der Bewegung beschleunigt. Für dieses *Staccato* ist es charakteristisch, daß es über die ganze Bogenlänge gespielt werden kann. Dennoch sollten wir merken, daß bei Annäherung an den Frosch im Aufstrich der Ellbogen eine Einwärtsdrehung braucht, so daß die Bogenspitze vom Spieler weg «wirbelt», und daß im beginnenden Abstrich, ganz beim Frosch, die entgegengesetzte Bewegung nötig wird. (Der Ellbogen wird vorwärts gestoßen, und die Bogenspitze «wirbelt» auf den Spieler zu.) Beim Abstrich hilft es, bei Veränderung des Tempos die Abstrichhaltung der Hand so weit zu übertreiben, daß man auf der Innenkante der Behaarung spielt.

Entspannung nach dem Staccato

Übung 45

Um nach den *Staccato*-Übungen zu entspannen, spielen wir Zwei- oder Dreisaitenwechsel in gleichmäßigen Notengruppen – zuerst mit ganzen Bogenstrichen und dann

127

mit Unterteilungen. Dabei lassen wir die einzelnen Hinweise zur Daumenstellung usw. außer acht, bleiben jedoch in allen Fingergelenken, im Handgelenk und im Arm völlig weich. Wir konzentrieren uns darauf, den Strich so auszuführen, als wäre er eine sanfte Wellenbewegung auf einer einzigen Saite, mit mehr Hand- und weniger Fingerbewegung.

In allen unseren Übungen haben wir Biegsamkeit und Stärke der vier Finger und des Daumens, die gewöhnlich am Bogen sind, entwickelt. Man muß aber bedenken, daß bei einem Geiger mit kurzen Armen oder kurzen Fingern diese Übungen in der oberen Hälfte des Strichs, besonders im Abstrich, zu Spannungen führen könnten. Der dritte und der vierte Finger sind allerdings unwesentlich, wenn der Bogen in der oberen Hälfte des Abstrichs auf der Saite liegt.

Tatsächlich ist es ein guter Gedanke, bei diesen Übungen abzuwechseln mit langen Bogenstrichen, mit raschen und langsamen Strichen nur auf einer Saite, mit Wellenstrichen auf zwei oder mehr Saiten, und dabei den Bogen nur mit dem Daumen und dem ersten Finger zu halten. Dies wird den Arm lockern und die Bewegung des Handgelenks weich und geschmeidig machen. Auch Kraft und Leistungsfähigkeit des zweiten Fingers werden dadurch wachsen, daß man mit beiden Fingern, dem ersten und dem zweiten, spielt. Sogar am Frosch kann der zweite Finger genügend beweglich und kräftig werden, um dazu beizutragen, den Bogen in der Bewegung auszubalancieren.

Das Tremolo

Dieser Strich führt – genau wie das *Staccato* – oft zu unerwünschten Verkrampfungen. Das kommt daher, daß eine so schnelle Bewegung als ein gerades Vorwärtsziehen und -stoßen aufgefaßt wird, was zu Spannungen in den Widerstand leistenden Muskeln führt. Ich würde raten, das *Tremolo* als kleinste Wellenbewegung, abgeleitet von unseren «Pendel»- und Drehbewegungen, anzusehen, was sowohl Schnelligkeit gestattet als auch Kraft, vereint mit Elastizität.

Wir üben das *Tremolo* zuerst im oberen Viertel des Bogens, dann in der Mitte und schließlich am Frosch.

Bogenübungen – nur mit dem ersten und dem zweiten Finger und dem Daumen

Ich rate den Schülern, diese wichtigen Übungen zu spielen, weil sie zu einer großen Geschmeidigkeit des Handgelenks verhelfen und auch den zweiten Finger optimal entwickeln. Dieser vermag nämlich bis zu einem gewissen Grade die Funktionen des dritten und des vierten Fingers zu übernehmen: a) beim Ausbalancieren des Bogens; b) indem er in einem Abstrich-*Crescendo* den vierten Finger und in einem Aufstrich-*Crescendo* den dritten Finger ersetzt.

Man sollte sich eingehend mit der besonderen Funktion des «Rings» aus Daumen und zweitem Finger befassen, der als Drehpunkt auf zwei Ebenen wirkt: a) auf der horizontalen, was die ausgleichende Bewegung ermöglicht, die den Bogen parallel zum Steg hält. Diese kommt teilweise innerhalb der Hand zustande und verringert das Ausmaß der Kompensation von Handgelenk, Arm und Schulter; b) auf der vertikalen Ebene, was uns erlaubt, Saitenübergänge zwischen benachbarten Saiten lediglich mit den Fingern auszuführen, ohne daß dabei die Höhe des Handgelenks und des Arms verändert zu werden braucht.

Es ist wertvoll, mit der «Ring»-Haltung allein zu üben, um den Sinn für diese Funktionen zu schärfen. Zuerst legen wir den Bogen, den wir wie üblich halten, in der Mitte auf die Saite. Dann heben wir alle Finger außer dem zweiten und dem Daumen auf und ziehen den Bogen zur Spitze und wieder zurück zur Mitte. Wir wenden keinen Druck an, um zu starke Anspannung zu vermeiden. Diese Übung wiederholen wir mehrere Male auf jeder Saite. Nun beginnen wir wieder in der Mitte, setzen den vierten Finger auf den Bogen, machen einen Aufstrich bis zum Frosch, und spüren, wie sich rund um den «Ring» die Ausgleichsbewegung abspielt und wie der vierte Finger das gegen den Frosch zunehmende Gewicht ausbalanciert. Auch diese Übung wiederholen wir auf jeder Saite mehrere Male. Dann versuchen wir, mit dieser Haltung (Daumen, zweiter und vierter Finger) einige Saitenwechsel-Übungen am Frosch zu machen, und nehmen nach und nach die übrigen Finger so dazu, daß die Bewegung des Saitenwechsels unbehindert weitergehen kann. Man trachte die verschiedenen Grade der Verantwortung eines jeden Fingers zu spüren.

Wenn man das Tempo des Strichs in der unteren Hälfte ein wenig steigert, wird man bald den vierten Finger aufheben können, ohne ein *Crescendo* zu produzieren und schließlich mit der «Ring»-Haltung allein den Bogen von der Saite abzuheben und wieder aufzusetzen vermögen. Man muß aber betonen, daß nur Gleichgewicht und Schwungkraft hier mitwirken dürfen, und ja kein festes «Zupacken».

Die Übungen mit der «Ring»-Haltung in der unteren Bogenhälfte sind ein wirksames Mittel gegen das übermäßige Abdrehen der Bogenhaare bei Annäherung an den Frosch, eine Gewohnheit, die aus einem der folgenden Gründe entsteht: a) Die ausgleichende Bewegung der Finger fehlt infolge von Steifheit oder, öfter noch, weil der Daumen blockiert ist. Dadurch muß das Handgelenk allein den Bogen parallel zum Steg halten; es beugt sich nur auf seiner horizontalen Ebene und gelangt bald an die Grenze seiner Bewegungsmöglichkeit; es ist gezwungen, sich zu neigen, um sich besser drehen zu können. b) Der zweite Grund ist die allgemeine Meinung, diese Neigung des Handgelenks sei die einzige Möglichkeit, das in der Nähe des Frosches zunehmende Gewicht auszugleichen und damit ungewollte *Crescendi* zu vermeiden.

Man muß zwar zugeben, daß diese gewisse Neigung des Handgelenks eine wirksame Art ist, das Gewicht des Bogens zu übernehmen, doch wird dadurch auch die Klangfarbe verändert, was keinem empfindsamen Ohr entgehen kann. Außerdem entsteht dadurch eine Haltung am Frosch, welche die Saitenwechselbewegungen innerhalb der Hand behindert und für starke Akzente, Dreiergriffe in wiederholten Abstrichen usw. nicht günstig ist. Diese Bemerkungen gelten jedoch nicht für *pianissimo* gespielte, transparente ganze Bogenstriche, bei denen die Neigung des Handgelenks während der ganzen Strichlänge gleich bleibt und für die keine Behendigkeit oder Kraft am Frosch nötig ist. Wenn der dritte und der vierte Finger in der oberen Bogenhälfte die Stange nicht berühren, kann der zweite Finger ihre Funktion übernehmen und durch Einwärtsziehen oder Auswärtsdrücken tatsächlich ein *Crescendo* erzielen; der dritte und der vierte Finger verstärken nur unsere Kontrolle über den Bogen und unseren Halt am Bogen sowie die dahinter stehende Kraft, aber nicht die Elastizität.

Nun widmen wir unsere Arbeit den früheren Übungen im Aufbau der Bogenstriche ohne dritten und vierten Finger. Wenn wir in Übung 9 den Bogen von der Saite abheben, lassen wir den dritten und den vierten Finger auf den Bogen fallen, und während jeder Note, die wir spielen, nehmen wir die Finger weg. Dies wird die Lockerung verbessern und das Tempo der punktierten Rhythmen beschleunigen. Jetzt arbeiten wir nur mit dem ersten und dem zweiten Finger auf dem Bogen auch bei den Übungen für ausgehaltene Noten und auf drei Saiten (ab Übung 39). Wir sollten diese Übungen aber erst spielen, wenn der dritte und der vierte Finger voll entwickelt sind und der zweite Finger für seine doppelte Aufgabe – horizontale und vertikale Funktion – ausgebildet ist. Bei «Retakes» auf der G-Saite ist es für den zweiten Finger besonders schwer, ohne den dritten und den vierten Finger den Bogen in Balance zu halten. Hier können der dritte und der vierte Finger den zweiten berühren und als weiche Stützen leicht an den Bogen gelegt werden.

Für schnelles Abheben des Bogens im Aufstrich (wie zum Beispiel im Mendelssohn-Konzert) ist es bestimmt von Vorteil, ohne den dritten und vierten Finger an der Stange zu spielen, da dadurch die Schmiegsamkeit des Handgelenks erheblich verbessert und das Tempo gesteigert wird. Hier streckt sich der zweite Finger an der Stange hinunter ein wenig über seine normale Stellung hinaus, so daß er die Funktion des dritten Fingers übernehmen und den Bogen von der Saite aufheben kann. Im Mendelssohn-Konzert hilft man beim allerersten Abheben mit dem dritten und dem vierten Finger nach, und dann werden sie von der Stange ganz abgehoben. Danach muß man jedoch vorsichtig und weich den Bogen zum Abstrich wieder aufsetzen.

Wenn wir dieses Prinzip beim *Spiccato* anwenden wollen, nehmen wir den dritten und den vierten Finger weg, wenn der Bogen auf der Saite landet, und setzen den gleichen Strich fort; die Finger werden wieder aufgelegt, sobald der Bogen gehoben wird. Beim Strichwechsel lassen wir die Finger an der Stange und nehmen sie weg, sobald der Bogen die Saite in entgegengesetzter Richtung berührt; dies geschieht sowohl beim Aufstrich als auch beim Abstrich.

Eine weitere interessante Übung ergänzt die Übungen für den Daumen und zwei Finger; man spielt einen *pianissimo*-Aufstrich und läßt den Bogen, vom dritten und vierten Finger ausbalanciert, sozusagen innerhalb des ersten Fingers liegen. Nimmt man den Daumen weg, ist es durchaus möglich, den Bogen in einem Winkel von 45 Grad seitlich auf den Haaren liegen zu lassen, innerhalb des gebogenen ersten Fingers getragen und mit dem vierten Finger ausbalanciert. Damit läßt man den Daumen frei. Diese nützliche Übung lockert den Daumen, und es ist sehr wichtig, daß der Daumenmuskel weicher wird, wenn man sich beim Aufstrich dem Frosch nähert.

Ausgleichsübungen

In dieser Lektion haben wir verschiedene extreme Stellungen und Bewegungen berücksichtigt, besonders die der Hand. Beim Spielen jedoch dürfen wir mit einer Bewegung nie ins Extrem gehen, man muß vielmehr auf ihren Kernpunkt bedacht sein, ihre wesentliche Funktion nicht übersehen. Dies ist ein wichtiges Prinzip, das für alle Gebiete der Geigentechnik gilt.

Als Übung ist es jedoch wertvoll, mit stark übertriebenen Stellungen zu experimentieren; solche Übungen nenne ich «Ausgleichsübungen». Wie wir entdeckt haben, gibt es keine einzige Stellung oder Bewegung, die unter allen in Betracht kommenden Umständen die richtige ist. In diesen Ausgleichsübungen ist die Erfahrung dessen, was «falsch» genannt wird, enthalten, so daß wir die korrekten Lösungen der auftauchenden technischen Probleme klarer erkennen.

1. Man läßt beim Üben die Geige a) beinahe vertikal nach oben zeigen, b) beinahe vertikal nach unten, c) man dreht sie extrem nach links, d) extrem nach rechts. Man beobachtet, wie die Finger der rechten Hand bei a) und b) sich anpassen, um zu verhindern, daß der Bogen gegen den Steg oder weg vom Steg fällt. Achten wir auch auf die Bewegung des rechten Arms bei c) und d).

2. Man übt Aufstriche auf folgende vier Arten:

a) Ohne das Handgelenk zu beugen. Um den Bogen gerade zu halten, muß man die Schulter vor- und rückwärts stoßen. Man merkt deutlich, wie die Schulter während des Strichs die Bewegung kontrolliert.

b) Das Handgelenk ist stark gebogen. Die Schulter beginnt in einer vorderen Stellung (der Ellbogen ist unten und muß während des Strichs fortwährend angepaßt werden).

c) Der Ellbogen liegt sehr hoch. Die Schulter beginnt mit einer hohen, vorderen Stellung; das Handgelenk wird hinuntergedrückt, und die mangelnde Geschmeidigkeit der Finger verursacht während des ganzen Strichs eine Anpassung im Winkel der Hand.

d) Der Ellbogen liegt sehr tief (nach einem altmodischen Brauch klemmt man zwischen den Körper und den Ellbogen ein Buch!). Die Beweglichkeit der Finger wird äußerst wichtig, damit der Bogen gerade gehalten wird.

3. Man übt auch Abstriche auf die gleichen vier Arten und beobachtet dabei die verschiedenen Ausgleichsreaktionen von Handgelenk, Ellbogen und Schulter usw. In a), wo das Handgelenk ungebogen bleibt, läßt man den Bogen «um die Ecke» wandern, d.h. heraus aus der Parallele mit dem Steg gehen, sobald er sich der Spitze nähert. Dies verpflichtet den Unterarm, sich völlig zu öffnen, was das Spiel in der Schulter verringert; dies verleiht dem Geiger eine Art ruhiger Kraft an der Spitze, die ihm gelegentlich im Konzert nützlich werden kann.

Lektion 5
Bewegungen der linken Hand

Für die linke Hand wird man dieselben technischen Grundbegriffe anwenden können wie für die rechte. Man wird sehen, daß die drei Hauptfunktionen – das Fallen der Finger, der Lagenwechsel und das *Vibrato* – nicht nur verwandte Bewegungen sind, sondern daß sie, ausgehend von einer Wellenbewegung, alle Variationen in die Weite, von einer kleinen engen Schwingung bis zu einem breiten Schwung, einschließen können. Die lateralen Bewegungen im *Pizzicato* der linken Hand sind ebenfalls in dieses System eingebaut.

Die Finger haben natürlich besondere Aufgaben, für die sie gründlich ausgebildet werden müssen. Die Elastizität des Streckens und Schnellens – wie ein Gummiband oder eine Sprungfeder – muß entwickelt werden. Die Finger müssen von der ausgedehnten zur zusammengezogenen oder gebogenen Form und umgekehrt, und zwar in dreimal zwei Richtungen und auf drei verschiedenen Ebenen – der horizontalen, der vertikalen und der lateralen – arbeiten können. Nebenbei sei gesagt, der Vergleich mit dem Gummiband und der Sprungfeder stimmt nicht ganz, denn derselbe Finger kann beide Funktionen ausüben und reagiert keineswegs automatisch wie das Gummiband oder die Sprungfeder; er vermag in der ausgedehnten oder gebogenen Form (oder auch irgendwo dazwischen) zu bleiben und jederzeit die Kraft des Streckens oder Springens anzuwenden.

Man kann versuchen, Übungen mit Gummibändern und Gummibällen zu erfinden, um das Strecken und Zusammendrücken zwischen Daumen und Fingern zu verbessern.

Wir müssen jeden Finger für sich auf jeder der drei Ebenen trainieren und auch die Reaktion zwischen dem Daumen und dem Finger oder den Fingern – eine Beziehung der Gegenwirkungen – ebenfalls auf drei Ebenen entwickeln (Abb. 1): A. «Auge in Auge», das heißt Fingerspitze gegen Daumenspitze, wie wenn Druck angewendet und ihm Widerstand geleistet wird – schräg, beinahe vertikal durch Griffbrett und Geigenhals hindurch; B. horizontal – in entgegengesetzten Richtungen die Saiten und das Griffbrett entlang; C. lateral, wie im *Pizzicato* der linken Hand.

Wenn wir die Hand auf diese Art in verschiedenen Stellungen auf dem Griffbrett

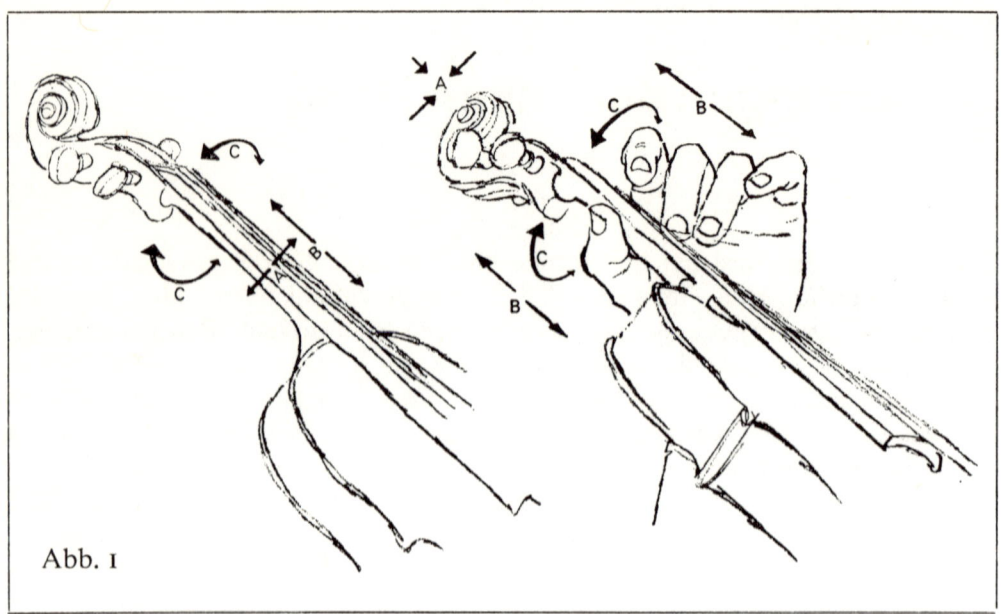

Abb. 1

trainieren und die Übungen mit der Triebkraft des Arms und des Körpers verbinden, werden wir das ganze Griffbrett beherrschen.

Die Übungen greifen ineinander über, und wenn wir uns auch auf eine bestimmte Phase konzentrieren, können wir alle andern nicht übersehen, die immer mehr oder weniger stark damit verbunden sind. Bevor wir irgendwelche Übungen spielen, wollen wir uns zuerst der drei Ebenen bewußt werden.

Horizontalbewegungen

«Wink»-Bewegung

Wir halten die linke Hand ohne Instrument in Spielstellung, die Handfläche uns zugewendet, und winken uns mit lockerem Handgelenk selbst zu. Wir machen diese Bewegung während längerer Zeit.

Handgelenk und Finger müssen ganz weich sein und dürfen keinen Widerstand leisten. Jetzt gehen wir zu einem passiven Winken der Hand über, das dadurch entsteht, daß wir den Unterarm vorwärts und rückwärts bewegen (Abb. 2). Nun wollen wir

134

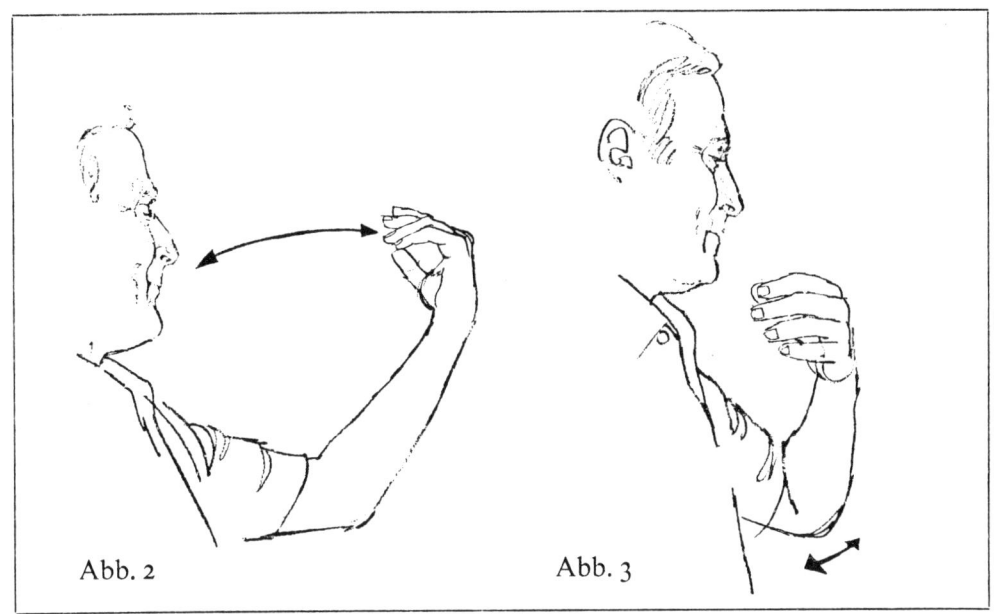

Abb. 2   Abb. 3

die immer noch winkende Hand in eine Kreisbewegung bringen und nehmen hiefür eine seitliche Schwungbewegung des Ellbogens und des Arms dazu (Abb. 3). Jetzt machen wir in der Luft so große Kreise wie möglich (Abb. 4). Die Hand muß sich, wenn wir von oben auf den Kreis hinunterschauen, im Uhrzeigersinn drehen. Man muß sich bemühen, den Kreis auf einer steten horizontalen Ebene zu beschreiben; die Kreisebene sollte sich höchstens etwas heben, aber nicht senken. Dieser sehr weite, völlig runde Kreis bedingt, daß wir den Unterarm gegen den Oberarm mehr öffnen und schließen und mit dem Ellbogen und dem Oberarm ebenfalls einen weit ausholenden Seitwärtsschwung machen. Während dieser großen Kreisbewegung dürfen Hals und Schulter nicht steif werden, man bewegt sie locker mit und läßt sie zumindest keinen Widerstand leisten.

Jetzt setzen wir die Kreisbewegung mit einem Impuls bei jeder fertigen Welle fort: zuerst bei jeder Auswärtsbewegung des Unterarms, als wollte man mit dem Handrücken gegen eine gegenüberliegende Wand schlagen (Abb. 5), dann bei jeder Einwärtsbewegung des Unterarms, als wollte man sich ans Kinn schlagen (Abb. 6).

Beim Studium dieser Bewegungen merken wir, daß der Ellbogen bereits beim Schlag gegen die Wand zum Körper zurückzuschwingen oder zu «pendeln» begonnen hat,

135

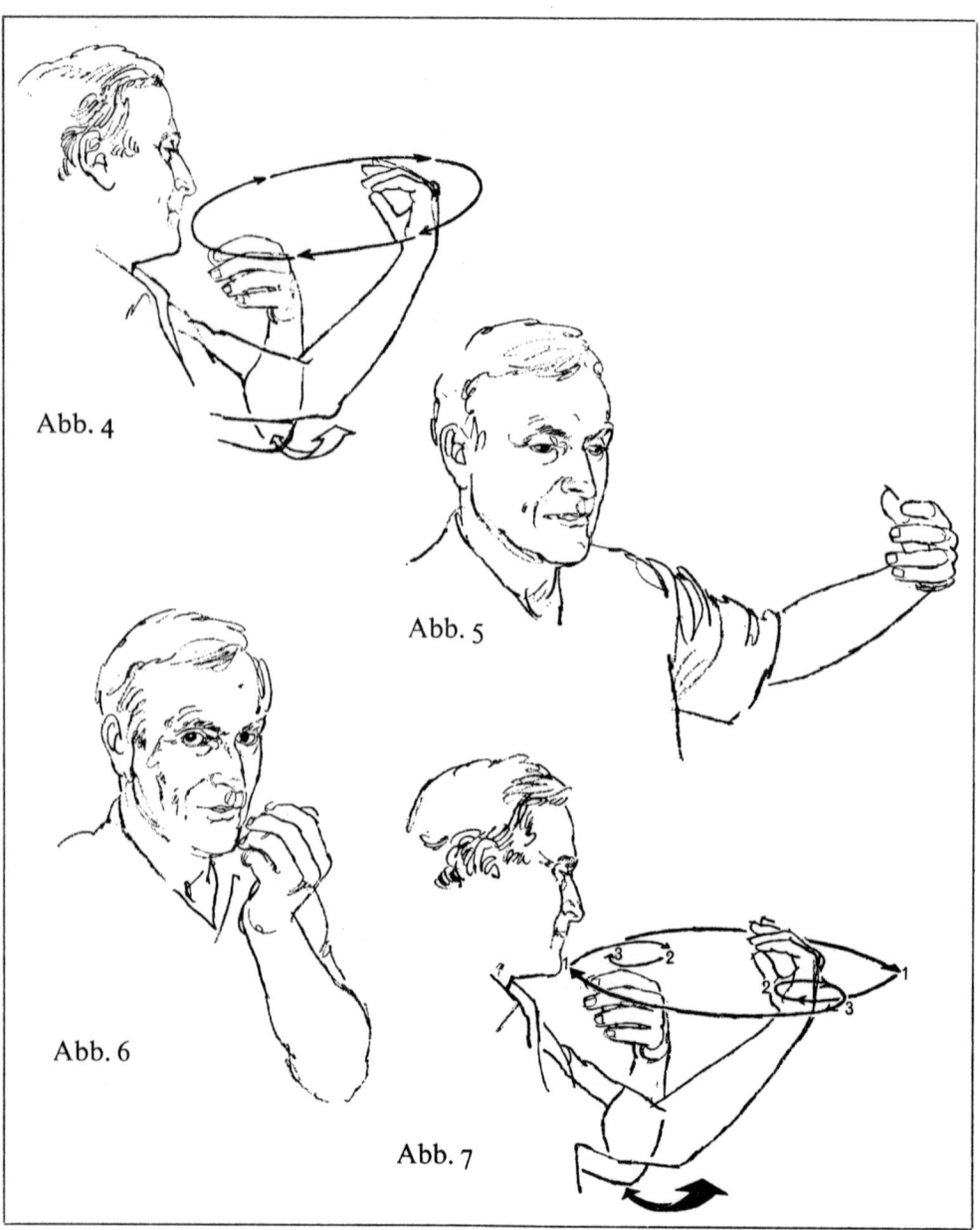

Abb. 4

Abb. 5

Abb. 6

Abb. 7

und daß er sich beim Schlag ans Kinn schon auf dem Weg nach außen befindet. Dabei denken wir an die Finger und stellen uns vor, daß wir mit den Knöcheln an die Wand schlagen, während die Fingerspitzen und der Daumen sich flüchtig berühren, da sie sich während der Auswärtsbewegung verlängert haben; wenn wir uns dagegen selbst schlagen, öffnen wir flüchtig Handfläche und Finger.

Jetzt wechseln wir mit den Schlägen ab, so daß wir in drei fertigen Wellen einmal die Wand und einmal uns selbst schlagen. Wir zählen: eins, zwei, drei – eins, zwei, drei... usw. Beim ersten «eins» schlägt die offene Handfläche bzw. schlagen die Nägel der gebogenen Finger an unser Kinn; beim zweiten «eins» wird der Handrücken gegen die Wand geschlagen (Abb. 7).

Diese Bewegung der linken Hand entspricht den verlängerten und gebogenen Stellungen der rechten Hand beim Strichwechsel.

Kräftigen der Finger

Jetzt wollen wir unsere Vorübungen, mit denen wir die Finger stärken, mit der Geige wiederholen, bevor wir die Tätigkeit der Finger mit der Bewegungsenergie des «Winkens» vereinigen.

Wir nehmen die Geige in Spielstellung, setzen den zweiten Finger ungefähr in der Mitte des Geigenhalses auf die A-Saite und drücken ihn gegen den Widerstand des Daumens hinunter, der seitlich am Geigenhals anliegt. Die Hand soll eine lockere «Mittelstellung» einnehmen, Finger und Daumen sind getrennt und gerundet, in der Hand soll reichlich Raum bleiben, der Unterarm ist leicht, weich und bereit, frei zu «pendeln», wenn er gestoßen wird (Abb. 8).

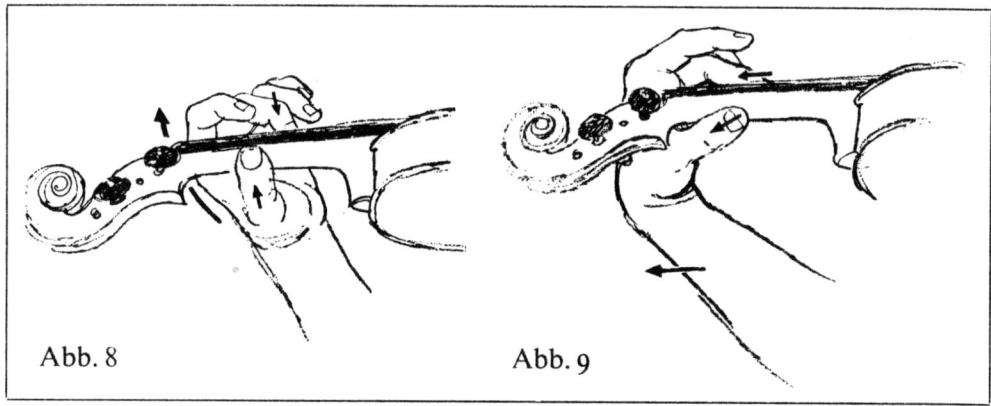

Abb. 8   Abb. 9

Mit dem Unterarm versuchen wir nun, die Geige aus der Kinn-Schlüsselbein-Haltung wegzuziehen. Wir lassen zu, daß das Handgelenk von uns *weg*gezogen wird. Die Finger, einschließlich des Daumens und des zweiten Fingers, der den Ton auf der A-Saite hält, lassen wir sich passiv verlängern, während sie von uns weggezogen werden. Sie müssen bei ihrer größten Verlängerung jedem wachsenden Zerren des Unterarms Widerstand leisten, indem sie die Saite und den Geigenhals (mit Finger- und Daumenkuppen) nur noch straffer halten (Abb. 9). Während wir den Unterarm immer noch von uns weghalten, ziehen wir das Handgelenk auf uns zu, so daß die Finger und der Daumen sich in ihre normale Spielstellung zurückziehen (Abb. 10). Finger und Daumen können sich sogar über diesen Punkt hinaus noch zusammen mit dem Handgelenk in ihre eng zusammengefaltete Stellung zurückziehen – immer noch gegen den entgegengesetzten Zug des Unterarms (Abb. 11). Sobald der Zug der Finger und des Handgelenks nachläßt, hat der Unterarm freie Bahn, und die Finger und das Handgelenk werden automatisch in ihre verlängerte, bzw. hervortretende Stellung gezogen.

Diese Übung machen wir mit jedem Finger – in der Reihenfolge, 2, 4, 3 und 1 – auf jeder der vier Saiten – in der Reihenfolge A, D, E und G. Während der Arm versucht, die Geige wegzuziehen, läßt der Kopf sein Gewicht (nur teilweise) auf den Kinnhalter fallen und zieht diesen sanft nach hinten, damit er seinen Halt auf der Geige gegen das Schlüsselbein nicht verliert. Man soll stets vermeiden, den Geigenhals mit der Wurzel des ersten Fingers zu berühren – dieser darf sich nie auf den Geigenhals stützen, und der Geigenhals darf nie zwischen der Wurzel des ersten Fingers und dem Daumen eingeklemmt werden. Beim Wechsel von einer höheren in eine tiefere Lage im Abstrich, wenn sich der linke Arm nach rechts bewegt, wird die Wurzel des ersten Fingers den Geigenhals nicht berühren, da sich die Hand in die erste Lage «erhebt».

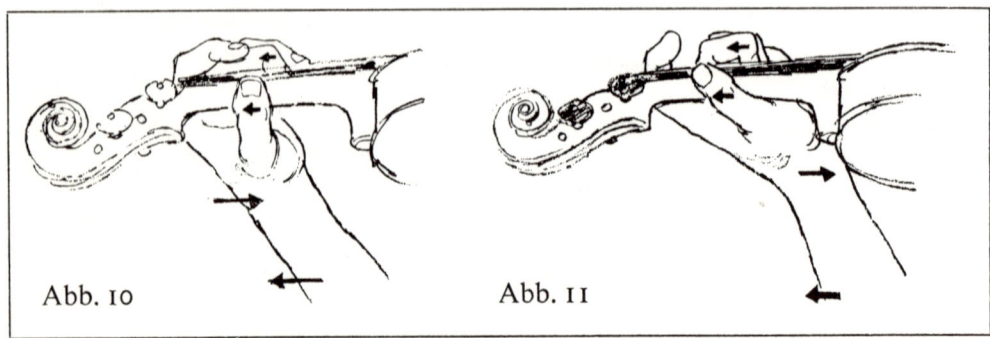

Abb. 10   Abb. 11

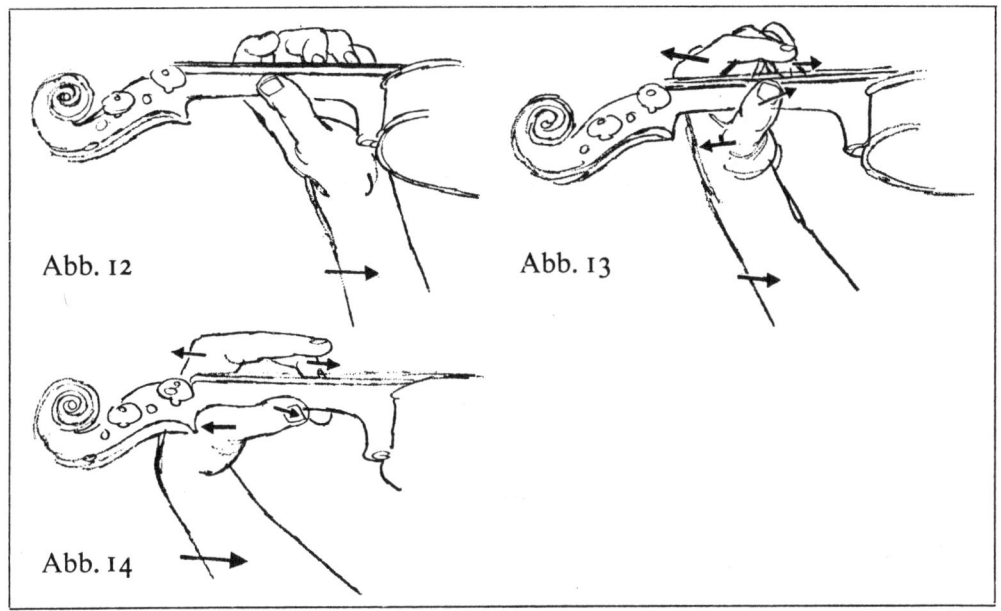

Abb. 12

Abb. 13

Abb. 14

Beim Linksschwung des Arms, so wie er bei einem Aufstrich erfolgt, wird die Wurzel des ersten Fingers den Geigenhals rasch streifen, da die Hand in die erste Lage «fällt». Spielt man auf leeren Saiten oder bei Trillern auf leeren Saiten, wo in den Pausen zwischen den gegriffenen Tönen kein Finger auf einer Saite liegt, dann ist es ganz in Ordnung, daß die Wurzel des ersten Fingers ein wenig stützen hilft.

In der folgenden Übung, in der wir die Geige gegen den Hals schieben, heben wir bei völlig entspanntem Hals den Kopf ein wenig. Wir beginnen wieder in einer «mittleren» Stellung (Abb. 12), lassen die Finger und das Handgelenk den Stoß des Unterarms annehmen, wodurch sie sich beugen. Wird der Stoß stärker, dann müssen die Finger und das Handgelenk mehr Widerstand leisten, damit sie nicht von der mit Finger und Daumen festgehaltenen Note weggedrängt werden. Durch den wachsenden Widerstand gegen den Druck des Arms stößt der Finger selbst entschieden in die mittlere Stellung vor (Abb. 13) und schließlich sogar in einen verlängerten Zustand (Abb. 14). Sobald der Widerstand des Fingers nachläßt, gewinnt der ständige Gegendruck des Arms die Oberhand, und der Finger schnellt in seine zusammengefaltete Stellung zurück. Wir machen diese Übung mit jedem der vier Finger und auf allen vier Saiten in derselben Reihenfolge wie in der vorherigen Übung.

«Kneif»- und «Schnell»-Bewegungen

Jetzt verbinden wir die neu erworbene Widerstandskraft und Stärke der Finger mit unserer «Wink»-Bewegung – zunächst ohne Instrument.

Stellen wir uns vor, wir hätten eine ganz lange Nase wie Pinocchio und möchten sie noch länger hinausziehen. Vorhin haben wir mit den Knöcheln gegen die Wand geschlagen, während die verlängerten Finger einander berührten. Jetzt nehmen wir an, daß wir, statt bei jeder Welle gegen die Wand zu schlagen, uns in die Nase kneifen, um sie mit jedem Mal noch ein wenig mehr herauszuziehen und um gleichzeitig die Finger in die Beugung schnellen zu lassen (Abb. 15). Statt am anderen Ende unser Kinn mit den Fingernägeln zu schlagen, lassen wir im gleichen Moment unsere gebogenen Finger in die Langstellung schnellen, als ob sie sich vom Kinn abstoßen wollten (Abb. 16).

Wenn wir uns diesen Vorgang als Kreisbewegung vorstellen, so entspricht das Herausziehen (das Kneifen) dem weiter entfernten Teil eines im Uhrzeigersinn verlaufenden Kreises und das Schnellenlassen dem näheren Teil des Kreises, wo die Finger die

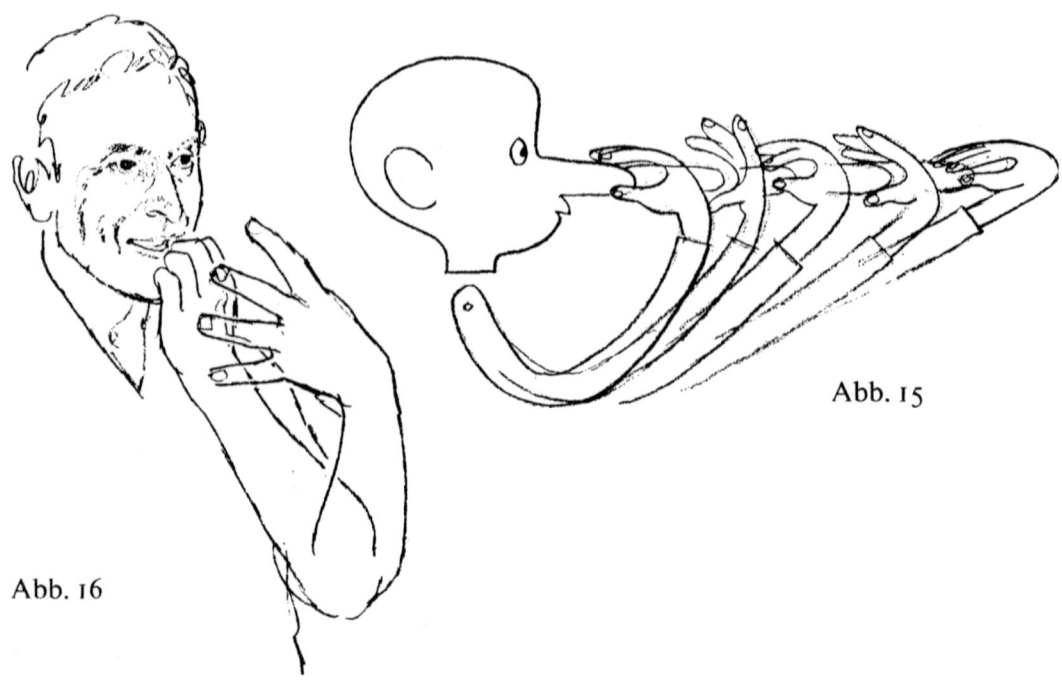

Abb. 15

Abb. 16

140

Hand aktiv zurückziehen. Beim Wechsel in eine tiefere Lage auf der Geige wird der weiter entfernte Teil des Kreises (die Verlängerung der Finger, während die Fingerspitze und der Daumen den Ton «kneifen») länger und ausgeprägter sein als der nähere Teil. Beim Wechsel in eine höhere Lage wird die «Schnell»-Bewegung, welche die Hand gegen den Steg schleudert (der nähere Teil des Kreises), über eine lange Strecke gehen und ausgeprägter sein als die Verlängerung (der entferntere Teil des Kreises). Wir können das «Kneifen» auch betonen und im näheren Teil des Kreises entspannen. Dies gibt uns eine «Eins-zwei-eins-zwei»-Bewegung. Wenn wir die «Kneif»-Bewegung einsetzen, können wir, wie im letzten Absatz beschrieben, auf dem Griffbrett hinunter und hinauf Lagen wechseln. Wir können auch den näheren Teil des Kreises mit einer «Eins-zwei-eins-zwei»-Bewegung unterstreichen und erhalten damit die «Schnell»-Bewegung, die auf dem Griffbrett herauf- und hinuntergeht. In beiden Fällen muß auf «zwei», in der unbetonten Hälfte der Bewegung, völlige Entspannung eintreten.

Es ist auch nützlich, die Kreise in Triolen zu üben, so daß die Betonung oder der Akzent zwischen dem «Kneifen» und dem «Schnellen» eintritt. Dies kann auf zwei Arten geübt werden: 1. Der Finger gleitet auf der Saite und übt den größten Druck an den entgegengesetzten Enden der Bewegung aus, indem er auf der tieferen Note «kneift» und auf der höheren «schnellt». 2. Der Finger bleibt auf einer Note. In beiden Fällen sollte er jedoch zwischen den abwechselnden Druckbewegungen entspannen. (Die Kinder an meiner Schule nennen die «Kneif»- und «Schnell»-Bewegungen «Raupe» und «Katapult».)

Wenn wir dann beim Spielen die Lagen wechseln, verbinden wir diese Bewegungen zu einer Wellenbewegung, die sowohl die vom Drehpunkt ausgehende Verschiebung umfaßt als auch jene, die vom ganzen Unterarm getragen wird. In dieser Bewegung herrscht abwechselnd die eine oder andere Verschiebung vor. Dies hängt vom Bogenstrich, von seinem «Echo» im Körper und von der zurückzulegenden Entfernung beim Lagenwechsel ab. Wir werden diesen Vorgang noch im einzelnen betrachten, wenn wir uns in Lektion 6 mit der Koordination beider Hände beschäftigen.

Wie ich in der Einleitung sagte, kommen wir, nachdem wir alle Bewegungen analysiert und einzeln geübt haben, schließlich so weit, daß wir sie in uns aufnehmen und sie endlich so miteinander verschmelzen, daß sie zu einer einzigen glatten, umfassenden Welle werden, derer wir uns kaum mehr bewußt sind. Allmählich verlieren und vergessen wir das theoretische Gerüst. Dies ist natürlich der ideale Zustand – vorausgesetzt, daß wir unsere technischen Grundlagen reparieren können, wann immer das nötig ist – was beinahe täglich der Fall ist. Dazu bedürfen wir unserer analytischen Grundlage.

Vertikale Bewegungen

Nach all den energischen «Wink»-Bewegungen bringen uns die vertikalen Bewegungen willkommene Ruhe. Wir haben diese Bewegungen bereits in Lektion 3 kennengelernt und erinnern uns, wie das Gewicht des linken Arms auf jeden Finger gehoben wird und dadurch jedesmal die Knöchel in ihre höchste Lage bringt.

Wir spielen jetzt eine C-Dur-Tonleiter über zwei Oktaven und die vier Saiten, die mit dem zweiten Finger auf dem C in der zweiten Lage auf der G-Saite beginnt. Jeder Finger hebt die Hand energisch in die Höhe; dabei entspannen wir gleichzeitig den Daumen, damit er sich beugen kann. Zwischen den einzelnen Fingerbewegungen lassen wir den Daumen sich strecken; die Knöchel senken sich und lösen im selben Augenblick die Spannung in den Fingern (vgl. Lektion 3, Abb. 10 und 11).

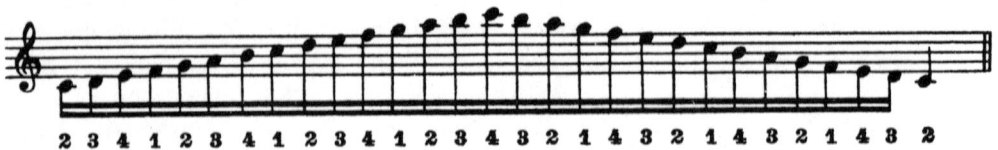

Jetzt drücken wir alle Finger auf einer Saite hinunter oder je einen Finger auf jeder Saite:

 oder

Wir heben die Finger einzeln oder paarweise – 2 und 4, 1 und 3 – zuerst in eine gebeugte Stellung (Abb. 17a) und dann so hoch wie möglich in die Luft (Abb. 17b). Damit diese Übung wirksam ist, müssen wir die Finger blitzgeschwind so schnell und energisch wie möglich aufheben. Denken wir daran, daß das «Aufheben» der Finger ebenso wichtig ist wie das «Fallen». Wir versuchen, zwischen einer raschen Hebe- und einer langen Fallstellung und einer raschen Fall- und einer langen Hebestellung abzuwechseln.

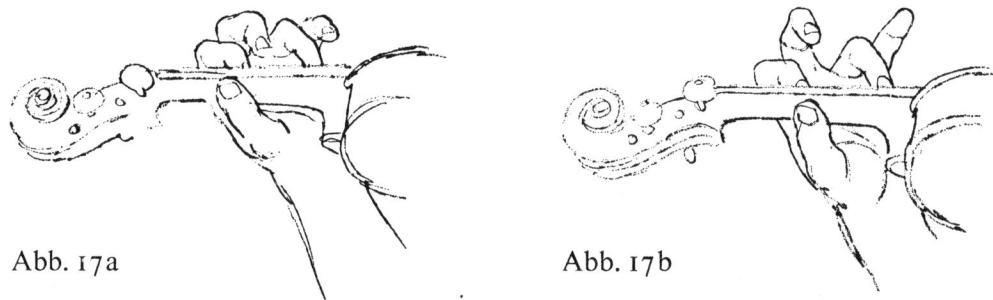

Abb. 17a   Abb. 17b

Jetzt koordinieren wir mit jedem Aufheben der Finger eine Einwärtsbewegung des Handgelenks (Abb. 18).

Dann eine Koordination des Fingeraufhebens mit einem Vorschieben des Handgelenks (Abb. 19).

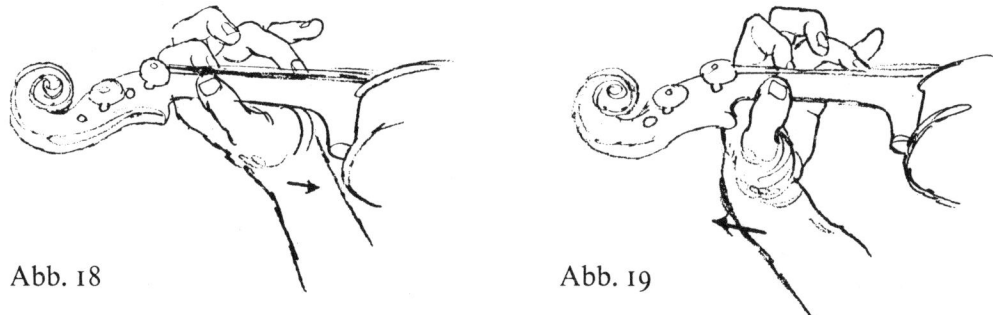

Abb. 18   Abb. 19

Nun verbinden wir jedes Fallen der Finger mit einem Vorschieben des Handgelenks (Abb. 20).

Und jetzt jedes Fallen der Finger mit einer Einwärtsbewegung des Handgelenks (Abb. 21).

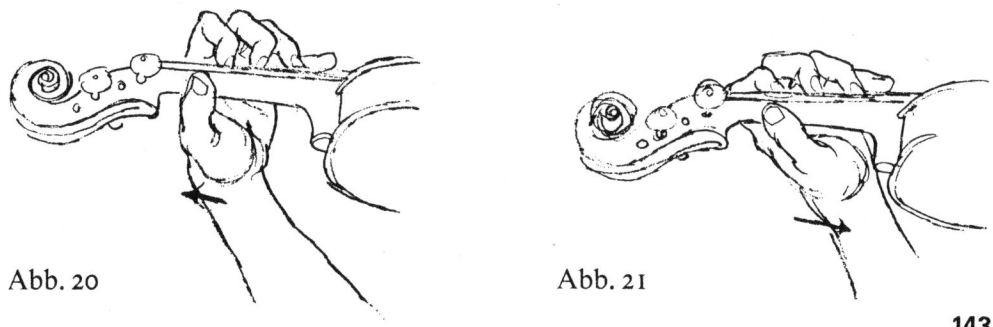

Abb. 20   Abb. 21

Abb. 22

Abb. 23

Das Aufschnellen des sich hebenden Fingers ist ebenso wichtig wie der zurückspringende Hammer des fallenden Fingers. Er hilft außerordentlich, absteigende Tonleitern deutlich artikuliert zu spielen.

Jetzt kehren wir wieder zur zweioktavigen C-Dur-Tonleiter in der zweiten Lage zurück. Der linke Arm und der Ellbogen müssen frei sein zu «pendeln», um die Passage über die vier Saiten zu erleichtern; die Bewegung geht von rechts nach links im Aufsteigen und von links nach rechts im Absteigen, so daß der Arm beim Spielen auf der G-Saite (Abb. 22) schräger über dem Körper liegt als beim Spielen auf der E-Saite (Abb. 23). Jedesmal wenn der vierte Finger herunterfällt, sollte der Arm zudem eine kleine Pendelbewegung nach rechts machen, damit der Finger die Saite leicht und in gerundeter Stellung greifen kann.

Weitere horizontale Bewegungen

Die folgenden Übungen tragen zur Beherrschung des chromatischen Fingersatzes bei, bei dem sich die Finger stetig den Saiten entlang in horizontaler Richtung bewegen.
1. Wir setzen den zweiten Finger in der Mitte des Geigenhalses auf die D-Saite und bewegen ihn von der äußerst-zusammengefalteten bis zur äußerst-verlängerten Stellung rückwärts und vorwärts. Die anderen Finger ruhen leicht auf einer anderen oder auf den anderen Saiten, oder sie werden entspannt und gerundet knapp oberhalb der Saiten gehalten. Der Daumen rollt horizontal auf dem Geigenhals in die dem Finger entgegengesetzte Richtung und spürt dabei ein fortgesetztes Stoßen und Ziehen, sogar während er an einem Punkt verharrt.
Wir machen diese Übung abwechselnd mit jedem Finger (2, 4, 1 und 3) auf jeder der vier Saiten (D, A, G und E) und halten dabei die Hand in der Mitte des Geigenhalses. Niemals darf die Fingerwurzel des ersten Fingers das Griffbrett oder den Geigenhals berühren.
2. Jetzt liegen die Finger leicht auf einer oder mehreren Saiten, und wir «streicheln» mit dem Daumen horizontal über den Geigenhals bis zur größten Ausdehnung des Daumens nach beiden Richtungen.
3. Nun machen wir die erste Gruppe der Übungen, bewegen den Daumen mit jeder Fingerbewegung in die entgegengesetzte Richtung und «streicheln» dabei sanft über den Geigenhals.
4. a) Wir kombinieren die letzte Übung mit einer Einwärtsbewegung des Handgelenks zu jeder vollständigen Bewegung.
b) Wir kombinieren dieselbe Übung mit einer hinausgehenden oder vorstoßenden Bewegung des Handgelenks zu jeder vollständigen Finger-Daumenbewegung.
Eine weitere Übung für die linke Hand besteht darin, die Finger und den Daumen auf einem Punkt zu lassen und dabei die ganze Zeit mit dem Handgelenk und den Fingern eine möglichst große Bewegung zu machen. Man behält während des ganzen Schwungs einen gleichmäßigen Druck bei. Mit der ergänzenden Übung werden die Finger unabhängig vom Schwung des ganzen Arms trainiert. In dieser Übung bringen wir die Finger einzeln aus einer gefalteten in eine gestreckte Stellung, und zwar ohne Armschwung und bloß mit einer Handgelenkbewegung koordiniert.
Zum Schluß wiederholen wir die Übungen 4a) und b). Statt aber mit dem Daumen über den Geigenhals zu streicheln, lassen wir ihn leicht an einer Stelle rollen, wobei wir einmal in die eine horizontale Richtung und dann in die andere gegen den Finger Druck anwenden. Dann halten wir mit einem Finger eine Note auf dem Griffbrett

fest und koordinieren mehrere Wellenbewegungen des Handgelenks mit der stufen-
weisen Verlängerung eines anderen Fingers, den wir darauf wieder stufenweise beugen. Mit anderen Worten, bei jeder kleineren Handgelenkswelle bewegt sich der Finger auf dem Griffbrett einen Halbton hinauf oder hinunter (die Hand bleibt dabei im
Verhältnis zum Geigenhals immer am selben Platz). Wir stellen fest, daß das Handgelenk hilft, den Finger nach beiden Seiten «wegzuschleudern». Wir machen diese
Übung zwischen den Fingerpaaren 1 und 2, 2 und 3, 3 und 4; 1 und 3, 2 und 4, 1 und 4.

Laterale Bewegungen – Pizzicato mit der linken Hand

Gegen den Widerstand des Daumens drücken wir die Spitze jedes einzelnen Fingers (in der Reihenfolge 2, 4, 1 und 3) fest auf die Saite, so daß das erste Glied nachgibt (siehe Lektion 3, Abb. 24). Mit der Fingerspitze ziehen wir die Saite seitwärts. Schließlich läßt sie sich nicht weiter wegziehen und springt zurück. Das *Pizzicato* mit der linken Hand wird schwieriger, wenn a) die Entfernung zwischen der gehaltenen Note und dem zupfenden Finger kleiner wird und b) der vierte Finger zupft. Dieser muß besonders gut ausgebildet werden; wir arbeiten mit jedem Finger auf jeder Saite in der ersten Lage, halten den ersten, den zweiten und den dritten Finger fest und zupfen jedesmal mit dem vierten Finger.

Natürlich kann der erste Finger nur leere Saiten zupfen (es sei denn, er zupft ein Flageolett von unten her!). Dazu müssen der erste Finger und der Daumen besonders ausbalanciert werden. Wir üben Tonleitern abwärts in der ersten Lage; *der Bogen* «pflückt» jeweils die oberste Note auf jeder Saite, der dritte Finger in der ersten Lage, wenn leere Saiten benützt werden, oder der vierte Finger in allen höheren Lagen.

Eine diesem *Pizzicato* verwandte Bewegung kann beim Spielen von Quinten in höheren Lagen sehr nützlich sein.

Diese Technik besteht darin, daß man die tiefere Saite näher zur höheren hinüberzieht (die höhere wird seltener gegen die tiefere geschoben), während man über zwei Saiten rollt und den Finger hinter dem Spielfinger als Stütze benützt. Wenn der Spielfinger einmal fest über zwei Saiten sitzt, kann die Intonation reguliert werden, ohne daß man Gefahr läuft, die Saiten auseinanderzuschieben. Diese Technik ist nicht nur für Doppelgriffe nützlich, sondern auch für Kantilene-Passagen, bei denen die Quinte sanft über zwei Saiten aufwärts geleitet werden muß, ohne daß der Spielfinger aufhört, die Note zu halten.

Die Genealogie der Übungen

Zum Schluß wollen wir alle unsere Übungen, bei denen wir das Griffbrett hinaufund hinuntergleiten, wiederholen – diesmal hörbar.

Wir werden sehen, daß wir durch das Erkennen aller Elemente – der Wellen und ihrer wechselnden Richtungen – die Bewegungen der linken Hand mit dem Strich der rechten Hand und dem daraus entstehenden Körperschwung immer koordinieren können. Da der rechte Arm im Vergleich zum linken, der mit der Hand in erster

Linie die Töne greift, eine größere Schwingungsweite hat, beeinflußt hauptsächlich er den Körperschwung und bis zu einem gewissen Grad auch den Schwung des linken Ellbogens.

Es ist klar, daß wir imstande sein müssen, nach beiden Richtungen die Lagen zu wechseln (sowohl bei Ab- als auch bei Aufstrichen). Der linke Arm neigt zudem ausgesprochen dazu, beim Abstrich nach rechts und beim Aufstrich nach links zu schwingen. Wir wollen diese beiden Richtungen einzeln üben. Wir beginnen mit dem Ellbogenschwung nach rechts.

Der linke Ellbogen schwingt nach rechts. Die Hand geht in ihre verlängerte Stellung mit dem vorstehenden Handgelenk, die Knöchel sind gehoben und die Schulter fällt mehr nach hinten. Man könnte dies als Drehbewegung betrachten, bei welcher der Drehpunkt ungefähr in der Mitte zwischen Handgelenk und Ellbogen liegt. In der Praxis liegt dieser Drehpunkt jedoch näher bei der Fingerspitze und beim Daumen, besonders wenn der Finger wandert, während der Daumen in einer Stellung bleibt. In dieser Übung wird der Finger jedesmal in die tiefere Stellung «geschleudert», wenn der Ellbogen nach rechts «pendelt».

Naturgemäß wird die ergänzende Bewegung, das heißt der Wechsel von einer tieferen in eine höhere Lage mit einem Rechtsschwung des Ellbogens, sich über eine längere Strecke ausdehnen, da die ganze Hand vom «pendelnden» Ellbogen nach rechts sowohl getragen als auch geworfen wird. In diesem Fall ist der eigentliche Drehpunkt die Schulter.

Im Aufstrich hat der linke Ellbogen die Tendenz, nach links zu schwingen. Wieder geschieht der Wechsel von einer tieferen in eine höhere Lage mit einer Drehbewegung, und der Drehpunkt liegt diesmal fast beim Daumen. Der Wechsel von der höheren in die tiefere Lage ist eine getragene Bewegung, bei der sich der ganze Arm öffnet, während der Ellbogen leicht nach links schwingt.

Jede dieser vier Bewegungen kann nicht nur mit dem Ziehen und Stoßen der Finger in verlängerte oder gefaltete Stellungen in Beziehung gebracht werden, sondern ebenso mit dem Werfen der Finger in verlängerte oder gefaltete Stellungen.

All dies wird in Lektion 6 klar werden. Vorläufig genügt es, zu sagen, daß das «Pendeln» des linken Ellbogens auf natürliche Art entsteht, indem der Arm locker von der Schulter herunterhängt und der Oberkörper leicht schwingt. Man wird merken, daß der Arm dem Körper «entgegenkommt»; wenn dieser gegen den Uhrzeiger schwingt (wie wir vorher gesehen haben), kommt der Ellbogen näher, und umgekehrt. Bewegen wir versuchsweise einmal Arm und Körper als ein Stück – nun verstehen wir, was es heißt, zu «versteinern!»

Erste Gruppe von Übungen

Mit jedem Finger in der Reihenfolge 2, 4, 3 und 1 gleiten wir auf jeder Saite in der Reihenfolge D, G, E und A in Triolenrhythmen so weit als möglich. Den Daumen lassen wir ganz natürlich mitwandern.

In den nächsten Übungen kümmern wir uns nicht um die genaue Intonation. Diese kommt später von selbst, wenn die Bewegungen sanft und leicht sind und das Ohr empfindsamen, starken und biegsamen Fingern und Gliedern befehlen kann. Die angegebenen Noten dienen vorerst nur als Anhaltspunkt für die ungefähre Schwingungsweite.

Wir beginnen auf der D-Saite und arbeiten unseren Weg in gebrochenen Terzen herauf und hinunter.

D-Saite

Wir arbeiten in größeren Intervallen weiter, bis wir mit einem einzigen Finger leicht auf der G-Saite über zwei Oktaven gleiten können. Dazu benützen wir die größere Wellenbewegung, die wir vorher in dieser Lektion beschrieben haben, als wir ohne Instrument arbeiteten. Geiger mit kleinen Händen werden vielleicht nicht ganz über diese Entfernung springen können – sie sollten aber versuchen, so weit wie möglich zu gelangen.

G-Saite   G-Saite

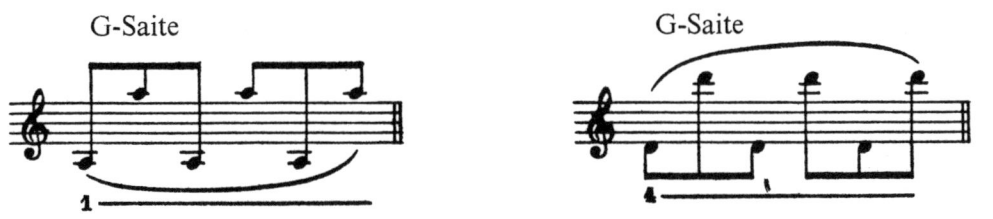

Wir wiederholen diese Übungen und beginnen jetzt mit der höheren Note.

Man wird sehen, daß man die kleineren Entfernungen beinahe vollständig mit einer gleichmäßigen «Metronom»-Bewegung des Unterarms ausführen kann. Die größeren Bewegungen brauchen einen umfassenderen Schwung des Oberarms und des Ellbogens. Wie wir früher gesehen haben, können wir auf diese Weise die gleiche Bewegung auf zwei Arten beginnen – ein großer Vorteil, wenn wir die rechte Hand damit koordinieren wollen. Man merke sich diese Tatsache.

Als nächstes spielen wir gebrochene Terzen mit zwei Fingern über zwei Oktaven herauf und hinunter.

Wir spielen diese Übungen auf jeder Saite mit unseren drei Fingerpaaren 1 und 2, 2 und 3, 3 und 4.

Wenn die linke Hand entweder durch einen Einwärts- oder durch einen Auswärtsschwung des Ellbogens in eine tiefere Lage wechselt, zieht sich das Kinn immer ein wenig auf dem Kinnhalter zurück. Achten wir darauf, daß der Hals locker bleibt, besonders bei jedem Aufwärts-Lagenwechsel, und daß das Handgelenk weich ist und die Hand hoch gehalten wird. Man darf auch nicht den rechten Arm versteifen, während man sich auf die Bewegungen des linken Arms konzentriert.

Zweite Gruppe von Übungen

Wir spielen wieder gebrochene Terzen, Quarten usw. Wir beginnen in den tieferen Lagen und machen mit dem Finger oder den Fingern eine Wellenbewegung, welche die Hand mitnimmt, berühren aber mit der Daumenkuppe weiterhin den gleichen Punkt des Geigenhalses.

150

Dritte Gruppe von Übungen

Jetzt halten wir den Finger auf einer Note und bewegen absichtlich den Daumen. (Denken wir daran: er bewegt sich in die entgegengesetzte Richtung, in die sich der Finger bewegen würde, *wenn* er sich bewegte!).

Der Triller

Der Triller ergibt sich auf natürliche Weise aus unseren Wellenübungen. Die Wellenbewegung wird jetzt kleiner und schneller und gleicht einer schwingenden Drehbewegung. Nachdem wir die vertikalen Fingerbewegungen ausgebildet haben, verbinden wir sie jetzt mit dieser Drehbewegung, die den trillernden Finger wie den Hammer einer elektrischen Glocke schlägt. Die nötige Koordination kann in drei Stufen geschehen:

1. Man hält einen Finger auf die Saite und beginnt ein Rückwärts-Vorwärts-Rückwärtsrollen. Mit dem nächsten Vorwärtsrollen kommt man auf den trillernden Finger (dabei dreht sich der Unterarm ein wenig) und hebt ihn mit dem übernächsten Rückwärtsrollen. Der Fingerfall ist also mit der Drehbewegung in eineinhalb Schwingungen bei jedem Finger kombiniert.

2. Wir gehen von einem Rückwärtsrollen des haltenden Fingers direkt zu einem Vorwärtsrollen des trillernden Fingers über.

3. Um das Tempo zu beschleunigen, vermindern wir einfach die Schwingungsweite der Bewegung. Dies versuchen wir mit verschiedenen Fingerkombinationen auf allen vier Saiten.

Das Vibrato

Das *Vibrato* ist die kleinste Bewegung in unserer Wellengruppe. Wir können es uns als Schwingung denken, die von den Schwung- und Drehbewegungen abgeleitet ist.

Man muß in allen Gelenken das Gefühl der Geschmeidigkeit haben und den vertikalen Druck auf jeden Finger einzeln erkennen. Diese Empfindungen sollten wir uns auf jedem Ton einer jeden Skala und eines jeden *Arpeggios* in jedem Teil des Griffbretts bewußt machen.

Der Unterschied zwischen einem breiten und einem engen *Vibrato* wird durch eine entsprechende Festigkeit oder Weichheit der Fingergelenke reguliert – und ein Geiger muß jede Weite und jedes Tempo des *Vibratos* beherrschen. Wenn die Finger locker (aber immer gerundet) sind, geben sie nach und erlauben ein weiteres Schwingen im Handgelenk und im Arm. Wenn die Finger fest sind, verhindern sie diese freiere Bewegung (der Unterarm schwingt mehr mit dem Handgelenk zusammen, obwohl *immer* nachgegeben werden muß und in jedem Gelenk, auch im Handgelenk und in den Fingern, etwas Elastizität bleibt), und die Bewegung ist nun eher eine Drehung als ein Schwung.

Das künstliche Flageolett

Um ein künstliches Flageolett zu spielen, brauchen wir zwei Finger: einen, der den tieferen Ton hält, was die Saite verkürzt, und einen zweiten, der einen höheren Ton leicht berührt – einen Punkt, auf dem ein natürliches Flageolett auf der verkürzten Saite erklingen würde. Doppelflageoletts haben wir, wenn der erste und der zweite Finger zwei Saiten greifen (und damit ihre Schwingungslänge verkürzen) und der dritte und der vierte Finger die genauen Teilungspunkte berühren, die das Flageolett erzeugen. Die Finger müssen äußerst rein greifen. Diese Flageoletts klingen besonders schön, wenn sie *vibrato* gespielt werden.

Skalen und Arpeggios

Zum Schluß dieser Lektion wollen wir Skalen und *Arpeggios* üben, ohne Schwingen oder *Vibrato,* aber mit ganz weichen und geschmeidigen Gelenken. Der auf diese Weise erzeugte sogenannte «weiße» Ton ist in gewissen Passagen sehr schön und wirkungsvoll. Zuerst spielen wir *Arpeggios* über zwei Oktaven, Skalen und chromatische Skalen auf je einer Saite mit je einem Finger, nacheinander mit jedem der vier Finger auf jeder der vier Saiten. Beim Aufwärtsspielen benützen wir entweder eine Schwungbewegung, bei welcher der Ellbogen mit einem Schwung nach rechts führt, oder eine Drehbewegung, bei welcher der Ellbogen nach links geht.

Arpeggio auf der D-Saite

152

Skala auf der G-Saite

Chromatische Skala auf der G-Saite

Dann spielen wir Skalen auf einer Saite mit je zwei Fingern, dann mit Gruppen von drei und vier Fingern.

G-Saite

G-Saite

G-Saite

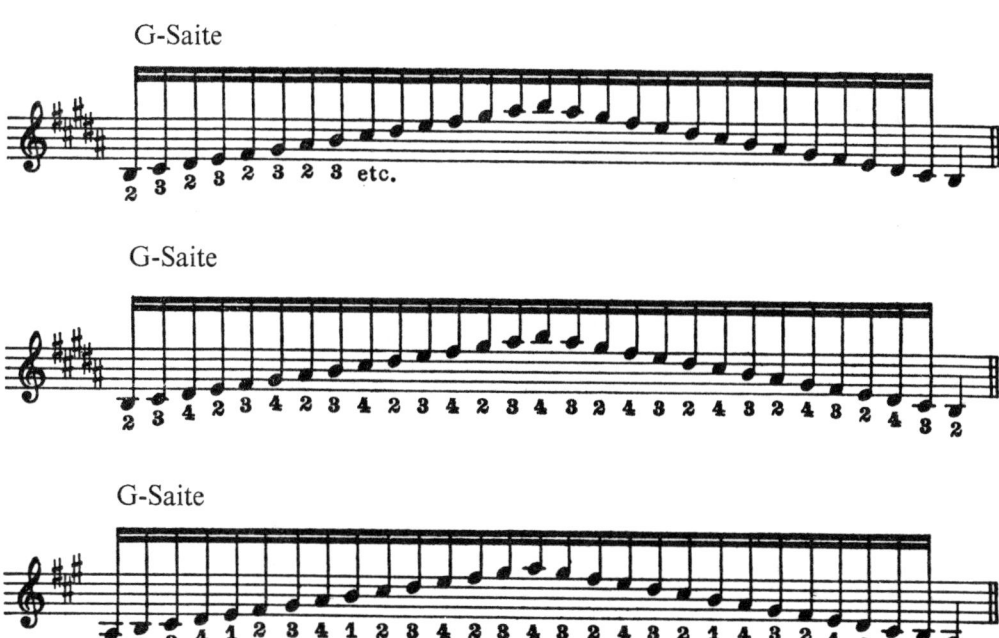

Beim Üben der Tonleitern auf einer Saite mit dem Fingersatz 1 2 1 2, 1 2 3 1 2 3 oder 1 2 3 4 1 2 3 4 bemerken wir – besonders wenn wir langsam spielen – einen feinen Unterschied zwischen den Lagenwechseln während eines Aufstrichs und jenen während eines Abstrichs. Beim Abstrich werden die Lagenwechsel – ob sie nun nach oben oder nach unten gehen – immer mit einem Ellbogenschwung nach rechts verbunden sein. Bei einem Aufstrich besteht immer eine Tendenz nach links, sogar wenn der Lagenwechsel zu lang ist, um von den Drehbewegungen vollständig getragen zu werden.

Dann spielen wir chromatische Skalen mit Gruppen von zwei oder mehr Fingern und bemühen uns, den Fingerfall mit der Wellenbewegung zu koordinieren.

G-Saite

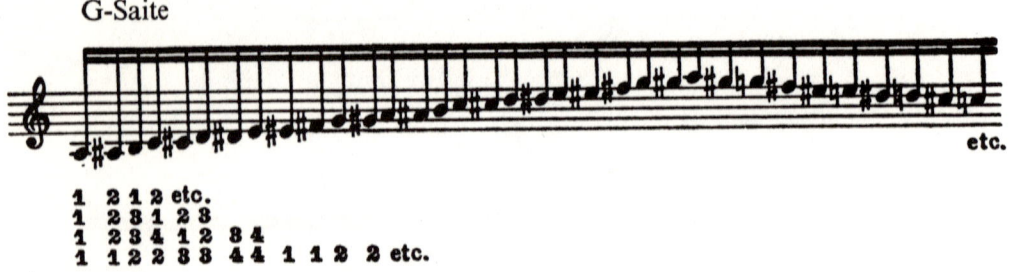

1 2 1 2 etc.
1 2 3 1 2 3
1 2 3 4 1 2 3 4
1 1 2 2 3 3 4 4 1 1 2 2 etc.

Zum Schluß spielen wir Skalen in Terzen, Sexten und Oktaven:

Skala in Terzen auf der G- und D-Saite

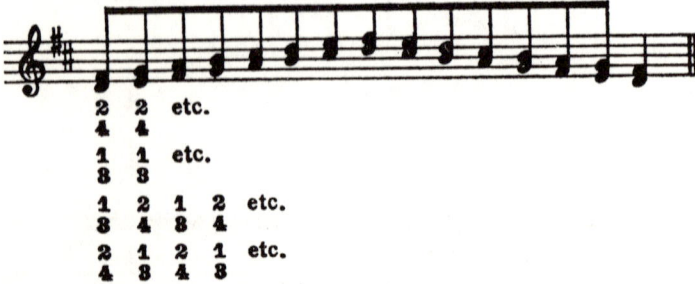

2 2 etc.
4 4

1 1 etc.
3 3

1 2 1 2 etc.
3 4 3 4

2 1 2 1 etc.
4 3 4 3

Skala in Sexten auf der D- und A-Saite

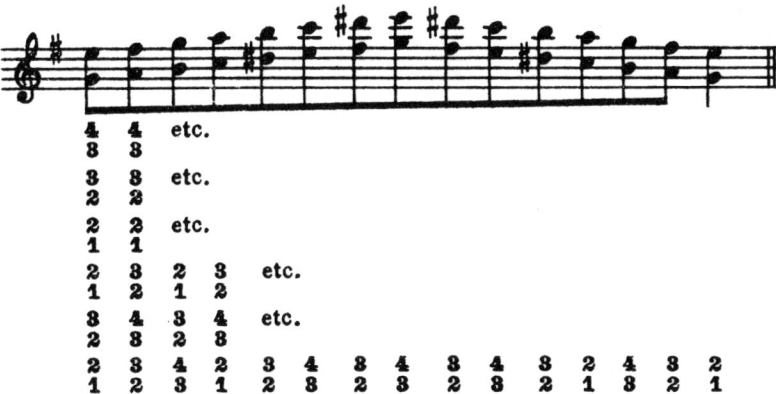

4 4 etc.
3 3

3 3 etc.
2 2

2 2 etc.
1 1

2 3 2 3 etc.
1 2 1 2

3 4 3 4 etc.
2 3 2 3

2 3 4 2 3 4 3 4 3 4 3 2 4 3 2
1 2 3 1 2 3 2 3 2 3 2 1 3 2 1

Skala in Oktaven auf der G- und D-Saite

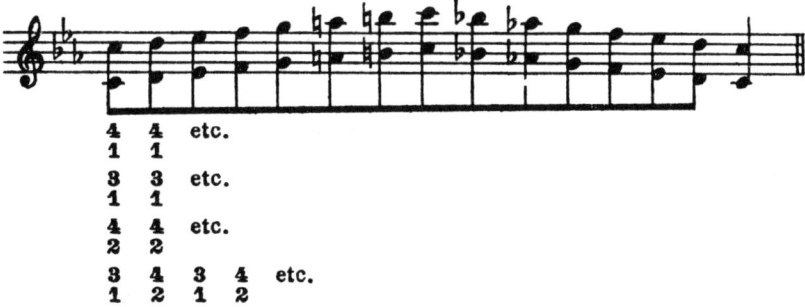

4 4 etc.
1 1

3 3 etc.
1 1

4 4 etc.
2 2

3 4 3 4 etc.
1 2 1 2

Lektion 6
Beide Hände zusammen

Im Verlauf unserer fünf Lektionen haben wir viele genaue Anweisungen befolgt, um ein Zusammenwirken der Bewegungen beider Arme zu erhalten; nun werden wir endlich die Früchte unserer Arbeit ernten.

Bis jetzt haben wir die Bewegungen jedes Arms getrennt erläutert und entwickelt; man kann jedoch nicht daran denken, Geige zu spielen, bevor die Funktionen beider Arme zu einer einzigen Funktion, zu einer einzigen Tätigkeit geworden sind. Wie bei der Liebe, wo es zwei sein müssen, um eins zu werden, erhält das Geigenspiel erst Leben mit dem vollständigen Einklang und Zusammenwirken beider Hände. Damit wir diesen Zustand erreichen (bei dem auch das Atmen eine wesentliche Rolle spielt), muß der Oberkörper biegsam und doch fest im Gleichgewicht sein, damit er den Bewegungen nachgehen, sie in Einklang bringen, in Gang setzen und weiterführen kann. Wenn sich der rechte Arm über die ganze Bogenlänge schnell und energisch aus einer gebeugten in eine gestreckte Stellung bewegt, beeinflußt er die Fähigkeit des Körpers, sich einem sich verlagernden Schwerpunkt anzupassen, wesentlich mehr als der linke Arm, der eine verhältnismäßig geringere Pendelbewegung und mit dem Ellbogen einen beschränkten «Pendel-Schwung» ausführt und eher auf die Bewegungen der einzelnen Finger einwirkt. Deshalb stimmt im allgemeinen der Oberkörper in seinen Bewegungen eher mit denen des rechten Arms als mit denen des linken überein.

Nun versuchen wir folgendes: Wir stehen auf den Zehenspitzen, halten in der rechten Hand einen Stock, den wir vor uns und seitlich von uns kräftig in großen Kreisen gegen den Uhrzeigersinn schwingen. Wir verspüren eine geringe Anpassung des Körpers, denn die Brust dreht sich horizontal gegen den Uhrzeigersinn, um ein Gegengewicht zum Auswärtsschwung des rechten Arms zu bilden. Dieses Beispiel ist zweifellos übertrieben; es zeigt aber doch eine Reaktion, die beim fortgeschrittenen Geigenspiel mikroskopisch klein und unbewußt wird. Darf ich jetzt vorschlagen, daß wir Lektion 1 nochmals durchlesen und unter Berücksichtigung der Lektionen 2, 3, 4 und 5 die verschiedenen grundlegenden Vorübungen wiederholen.

Vier Grundbeispiele

Die folgenden Übungen beeinflussen das Gleichgewicht auf den Füßen, den Körperschwung usw.

Übung 1

Beide Schultern neigen dazu, sich nach vorn zu bewegen. Die linke Hand bewegt sich auf dem Griffbrett aufwärts zum Körper, die rechte Hand bewegt sich vom Körper weg. Wir balancieren auf den Zehen vorwärts und ziehen die Wirbelsäule rückwärts, während der Körper einen langsamen, ziemlich langen Schwung macht.

Übung 2

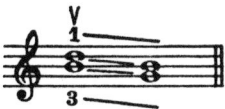

Beide Schultern sind bereit, sich rückwärts zu bewegen. Die linke Hand bewegt sich vom Körper weg und die rechte zum Körper hin. Wir balancieren mit der Brust nach vorn aus, gehen aber nicht zu weit auf die Absätze zurück.

Übung 3

Die linke Schulter bewegt sich vorwärts, die rechte rückwärts. Die linke Hand bewegt sich auf dem Griffbrett hinauf, die rechte bewegt sich auf den Körper zu.

Übung 4

Die linke Schulter geht nach hinten, die rechte nach vorn. Die linke Hand bewegt sich auf dem Griffbrett abwärts, die rechte bewegt sich vom Körper weg.

Koordinations-Übungen, erste Gruppe

Diese Übungen muß man zuerst in einem Zustand spielen, der zwischen Passivität und Aktivität liegt; halb liegt der Bogen auf der Saite, halb wird er getragen; dabei läßt er jederzeit Spielraum für einen verstärkten oder einen verminderten Druck. Wir wenden Druck an, indem wir das Armgewicht auf die Stange fallen lassen, ohne unseren «Mittelzustand» zu verändern.

Übung 1 (auf einer Saite)

Wir beginnen mit der Abstrichübung (Beispiel 1 a), und wir wissen, daß die Betonung auf dem *b* ein Teil des «Pendel-Schwungs» des linken Arms nach rechts sein wird. Achten wir dabei auf die leichte Körperdrehung, die mit diesem «Pendel-Schwung» sowie mit dem Druck des rechten Arms zusammentrifft, den man für jeden Akzent braucht. In der Aufstrichübung (Beispiel 1 b) geschieht dasselbe in entgegengesetzter Richtung.

Jetzt wiederholen wir die erste Übung (1 a), beginnen mit dem Aufstrich und beobachten die Gegendrehung des Körpers, die mit dem «Pendel-Schwung» des linken Arms nach links und mit den Akzenten zusammenfällt. Dann spielen wir die zweite Übung, wobei wir mit einem Abstrich beginnen.

Übung 2 (auf zwei Saiten)

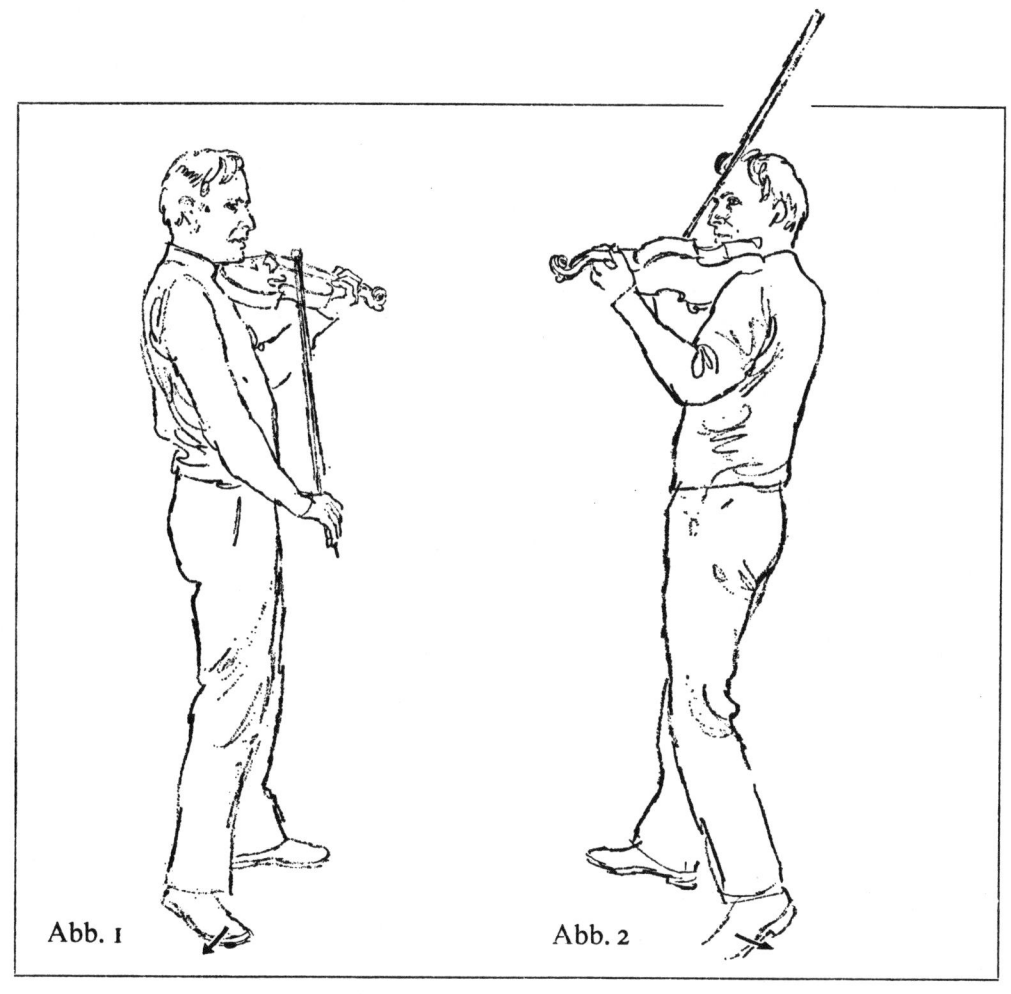

Abb. 1   Abb. 2

Diese Übungen werden auf zwei Saiten gespielt; mit den Fingern der linken Hand greifen wir zwei Noten, die einen Ganzton auseinander liegen. Wir wollen aber einen Lagenwechsel ausführen und keine Streckung. Eine leichte Drehung des Körpers bei jeder betonten Note soll den Körperschwung beim Ab- und Aufstrich ergänzen.

Diese Körperdrehung beginnt beim Berührungspunkt der Fußballen mit dem Erdboden. Der Impuls des rechten Fußes geht dem Aufstrich voran; der Fuß drückt gegen den Boden und leitet damit die Körperdrehung ein (Abb. 1). Der linke Fuß leitet die Abstrichbewegung ein (Abb. 2). (Bei langsamen Strichen verringert sich diese Drehung natürlich entsprechend stark oder wird nur noch angedeutet, bei kur-

159

zen Strichen findet sie hingegen nur in der *Gegen*richtung statt.) Bei fortgesetzten Ab- und Aufstrichen erfolgt der Impuls auf dem Abschnitt des Strichs, der dem Bogenwechsel vorangeht (Lektion 4, Abschnitt C des Grundstrichs). Der eigentliche Strichwechsel findet statt, wenn der Impuls vom Fußballen den ganzen Weg bis zum Bogen hinaufgewandert ist, und während der Impuls diese Strecke zurücklegt, führt der Bogen noch den letzten Teil des vorhergehenden Strichs aus.

Natürlich ist diese Empfindung am stärksten bei Bogenstrichen, die Attacke, Strichlänge und Schnelligkeit verlangen, und besonders augenfällig, wenn man auf der G-Saite spielt, wo sich der Bogen am ausgeprägtesten horizontal bewegt.

Übung 1 (Wiederholung)

Wir wollen jetzt mit jeder akzentuierten Note im Abstrich einen Auswärtszug der linken Hand und des Handgelenks verbinden (Übung 1a). Wenn wir die Bewegungen näher prüfen, finden wir, daß sich die linke Schulter leicht nach hinten bewegt, der linke Ellbogen von links nach rechts dreht und daß das vorgeschobene linke Handgelenk die Finger verlängert, während es in die Richtung zum Geigenkopf zieht.

Angenommen, diese Übung wird ungefähr in der Mitte des Bogens gemacht, so haben wir folgende Bewegungsabläufe: 1. das rechte Schulterblatt geht hinunter, solange der Arm gebeugt ist, und bewegt sich nach dem mittleren Abschnitt des Strichs vorwärts; 2. der rechte Ellbogen und der ganze Arm drehen einwärts; 3. Knöchel und Handgelenk senken sich bei jeder akzentuierten Note in etwas ausgeprägterer Weise als während eines normal verlaufenden Abstrichs.

Die Schultern gehen also bei dieser besonderen Kombination von Bewegungen in entgegengesetzte Richtungen, und eine leichte Körperdrehung kommt übereinstimmend damit zustande, wenn die rechte Schulter vorwärts und die linke rückwärts geht.

Der Kopf schwingt, da er bei den betonten Noten – oder vielmehr während die Finger (oder ein einzelner Finger) gezogen werden – mehr Gewicht auf den Kinnhalter legt und leicht nach hinten zieht.

Zwischen den Zügen sollten die Finger der linken Hand den Griff auf der Saite etwas lockern, während sie in ihre erste (normale) Lage zurückkehren. Dabei bleibt der linke Daumen in seiner Stellung am Geigenhals.

Die entgegengesetzten Bewegungen finden bei den betonten Noten im Aufstrich statt (Übung 1b). Die Schultern gehen immer noch in entgegengesetzte Richtungen, aber diesmal tendiert die rechte Schulter bei den akzentuierten Noten leicht rückwärts und die linke Schulter leicht vorwärts, während der oder die Finger der linken Hand in die Richtung des Stegs geschoben oder gebogen werden. Die Drehung des Körpers setzt sich im Aufstrich (fünf Noten in einem Strich) fort, wobei sie während der akzentuierten Noten ausgeprägter ist und dazwischen nachläßt.

Diese Übungen sollten so lange gemacht werden, bis alle Elemente ganz einheitlich und vollkommen natürlich zusammenwirken.

Ein- oder ausatmen soll man nach drei bis fünf Strichen. Sind diese aber so langsam, daß man bei jedem Strich atmen muß, so atmet man beim Abstrich aus und beim Aufstrich ein. Mit dem Ausatmen beginnt man schon vor dem Abstrich und mit dem Einatmen vor dem Aufstrich.

Übung 3 (auf einer Saite)

Übung 4 (auf zwei Saiten)

Diese Übungen spielen wir in allen Lagen auf zwei Noten; die Finger liegen auf zwei Saiten, eine Terz auseinander.

Übung 3 (Wiederholung)

Auf den akzentuierten Noten bewegt sich die linke Hand in den Abstrichen gegen den Steg und in den Aufstrichen gegen die Schnecke. Beide Schultern bewegen sich bei den akzentuierten Noten im Abstrich vorwärts und bei den akzentuierten Noten im Aufstrich rückwärts. Bei diesen Übungen dreht sich der Körper kaum; seine Bewegung besteht eher aus einem leichten Vor- und Rückwärtsbalancieren.

Dies bedeutet, daß der linke Ellbogen mehr eine Schwing- als eine Drehbewegung macht, wobei das Handgelenk in seine eigene Richtung, nämlich in die Strichrichtung, leicht einwärts gebogen ist. Deshalb habe ich ihn in dieser Übung eine entsprechend weitere Distanz zurücklegen lassen, und zwar zum Beispiel zwischen der ersten und dritten, statt nur zwischen der ersten und zweiten Lage.

Es ist eine angenehme Bewegung, sie entspricht dem Schwingen beider Arme im gleichen Kreis oder in der gleichen Ellipse.

Wie ich sagte, bewegen sich beide Schultern bei akzentuierten Abstrichnoten leicht vorwärts. Die daraus entstehende Körperschwingung, die vorwärts und rückwärts geht, reagiert auf die kombinierte Bewegung der beiden Arme. Auch lockert der Kopf bei den akzentuierten Abstrichnoten seinen leichten Druck auf den Kinnhalter. Die entgegengesetzte gleichzeitige Bewegungsgruppe erfolgt bei den akzentuierten Aufstrichnoten.

Grundsätzlich kommt diese Koordination des ganzen Körpers bei jeder gespielten Note vor, und deshalb muß sie mit den Grundbewegungen des *Vibratos*, des Lagenwechsels und mit den verschiedenen Stricharten geübt werden.

Wir machen jetzt die erste und die dritte Übung abwechslungsweise. Dann versuchen wir die folgende Übung und benützen dabei den zweiten und den vierten Finger in den tieferen, den ersten und den dritten Finger in den höheren Lagen.

Koordinations-Übungen, zweite Gruppe

Der wesentliche Unterschied zwischen diesen Übungen und den Übungen 1 und 3 der ersten Gruppe besteht darin, daß der Abstrich auf der tieferen und der Aufstrich auf der höheren Saite beginnt, so daß die akzentuierten Noten im Abstrich und im Aufstrich während der entgegengesetzten Drehung der rechten Hand gespielt werden.

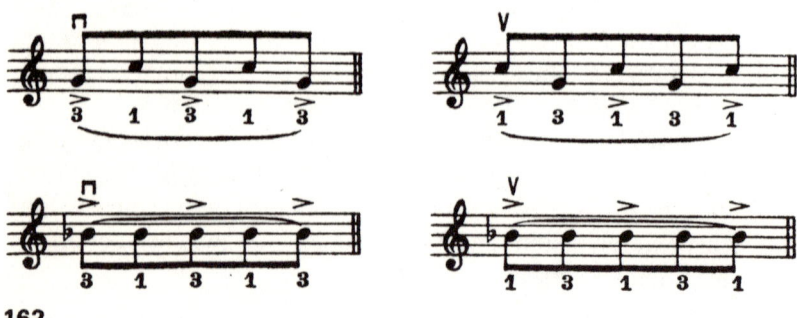

162

Diese Koordinations-Übungen können mit jeder Bewegung der linken Hand gemacht werden – zum Beispiel mit dem linken Daumen allein. Wir erinnern uns, daß er sich den Geigenhals entlang rückwärts in Richtung Schnecke bewegt, wenn ein Finger auf eine höhere Note wechselt. Wir spielen die Übungen 1 und 3 der ersten Gruppe und alle Übungen der zweiten Gruppe, halten dabei eine Note mit der linken Hand und behandeln den Daumen so, wie wir jeden andern Finger behandelt haben.

Wenn wir die Bewegung der Finger der linken Hand gegen den Daumen entwickeln, kann der Lagenwechsel – besonders in hohen Lagen und im Lagenwechsel nach unten – ohne Beeinträchtigung des (Hals-Schlüsselbein-Kopf-)Halts der Geige ausgeführt werden, da er durch das Spiel zwischen Fingern und Daumen erfolgt.

Zum Schluß sollten die Übungen, die das bewußte Hinaus- und Zurückschnellen der Finger mit den Daumenübungen in die Gegenrichtung (wenn auch nur des Drucks) verbinden, noch weiter koordiniert werden, und zwar mit einem Wurf des linken Arms (Schwung- oder Pendelbewegung) in die Richtung der Finger.

Koordinations-Übungen, dritte Gruppe

Eine weitere Anwendung dieser Koordination zwischen linkem und rechtem Arm, die auch den Körper einbezieht, ist möglich, wenn man zwischen vollen Tönen und Flageolett-Tönen abwechselt.

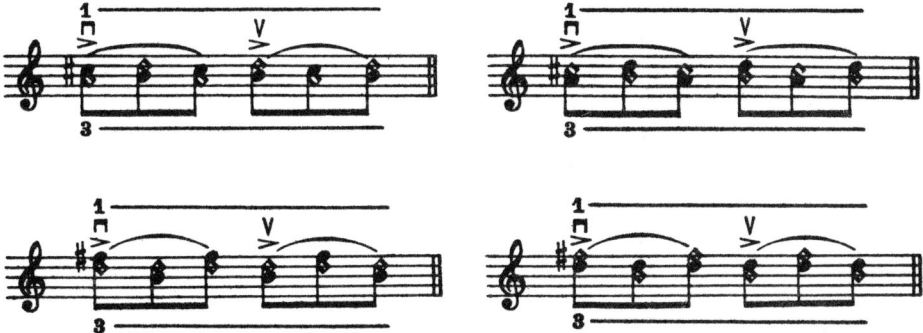

Mit einem Akzent auf der festen Note ziehen wir zuerst im Abstrich gegen die Schnecke, dann stoßen wir im Aufstrich gegen den Steg und umgekehrt.

Dies ist eine nützliche Übung, um der Hand beim Lagenwechsel Leichtigkeit zu vermitteln. Der Bogen soll niemals «flach» gezogen werden; stellen wir uns aber vor,

163

daß wir den leichten Akzent geben, indem wir entweder in einem Abstrich auf die höher klingende Saite zu oder in einem Aufstrich auf die tiefer klingende Saite zu gegen den Uhrzeigersinn drehen oder umgekehrt. Sogar wenn wir die Saiten wechseln (A-Saite gegen D-Saite usw.), müssen wir darauf achten, daß der Bogen zumindest teilweise *getragen* wird und in der Hand *ausbalanciert*, ohne daß dabei die Weichheit, Schmiegsamkeit oder Anpassungsfähigkeit des Handgelenks, der Hand oder der Finger beeinträchtigt wird.

Koordinations-Übungen mit größeren Lagenwechseln

Wir können die Koordination auch beim größeren Lagenwechsel oder beim *Glissando* anwenden. Bevor wir jedoch diese umfassenden Koordinations-Übungen mit dem Lagenwechsel verbinden, möchte ich, daß wir unseren Strich mit einer bewußten Fingerbewegung in der linken Hand verbinden. Genauso wie wir in der rechten Hand den Fingerstrich benützen, um die Lebendigkeit und den Impuls zu vergrößern, die wir für das *Spiccato,* das *Sforzando,* das *Martelé* und andere Bogenstriche brauchen, können wir wie in den letzten Übungen beide Hände koordinieren, indem wir eine bewußte Fingerbewegung in der linken Hand ausführen, die wie die Feder eines «Schachtelteufelchens» die Finger durch ihre eigene Kraft aus der zusammengefalteten in die geöffnete Stellung springen läßt. Dieser Vorgang ist bei allen Lagenwechseln ein wesentliches Element.

Wir wollen dieses Prinzip bei der linken Hand anwenden und mit einem Finger auf einer Saite große Lagenwechsel machen. Der Finger führt aktiv aus der gebogenen Stellung auf der tieferen Note in die ausgedehnte Stellung auf der höheren Note.

G-Saite

Dasselbe Prinzip muß bei einer raschen Bewegung des Fingers von der ausgedehnten in die gefaltete Stellung (das heißt, von der höheren auf die tiefere Note) angewandt werden. Wir dürfen nie vergessen, daß beim Geigenspiel jede Bewegung viele andere Bewegungen hervorruft, wenn sie auch nur andeutungsweise erscheinen. Nun koordinieren wir diese Bewegungen mit der rechten Hand – genauso wie wir damals das Ziehen und Stoßen der linken Hand mit dem Drehen und Schwingen des linken Ellbogens in Verbindung mit dem Bogenstrich und der Körperdrehung koordiniert haben. Nach diesen ruckartigen Fingerbewegungen müssen wir ihnen wieder entgegenarbeiten: wir ziehen und stoßen die passiven Finger der linken Hand. Diese Sequenz entspricht den sanften *Détaché*-Übungen mit möglichst wenig Finger- und möglichst viel Armbewegung der rechten Hand (*Détaché*-Übungen 11 und 12, Lektion 4). Wenn wir diese beiden extremen Bewegungsarten täglich üben, werden wir die rechte Hand auf jeder Stufe der Bogentechnik – vom *Détaché* zum *Martelé* und *Spiccato* – in vollem Umfang beherrschen; in der linken Hand werden wir jedes Gleiten und jeden Lagenwechsel bezwingen – schnell, langsam oder stufenweise (wie ein dramatischer Baß oder Sopran) und sofort jeden Ton auf dem Griffbrett genau treffen (so sicher wie die Zunge eines Chamäleons).

Übungen mit Sprüngen über zwei Oktaven
Wir üben diese Sprünge zuerst auf der G-Saite und nachher auf allen anderen Saiten.

G-Saite

Wir beginnen mit dem vierten Finger auf dem D und gleiten auf der G-Saite zum zwei Oktaven höher liegenden D; dann machen wir dasselbe mit dem zweiten und dritten Finger, wobei wir auf dem H beziehungsweise C beginnen. Beide Hände bewegen sich ungefähr in die gleiche Richtung, wenn der Zwei-Oktaven-Sprung mit einem Abstrich auf dem tieferen Ton beginnt. Wenn wir jedoch einen ganzen *Aufstrich* benützen und auf dem tieferen Ton beginnen, treffen die Hände einander auf jedem höchsten Ton. Wie wir gesehen haben, macht der Körper einen kleineren Schwung, wenn sich die Hände gegeneinander oder voneinander weg bewegen, als wenn sie sich in die gleiche Richtung bewegen.
Jetzt machen wir dieselben Übungen nochmals – mit jedem Finger und jeweils mit Aufstrich oder Abstrich und auf verschiedenen Saiten – auf der höchsten Note beginnend. Bei jedem Bogenstrich atmen wir einmal.

Skalen und Arpeggios auf einer Saite

Wir üben Skalen mit ganzen Bogenstrichen auf jeder Note und spüren, wie wir bei einem sehr langsamen *Vibrato* die Abwärts- und Aufwärtswellen des *Vibratos* mit jedem Bogenstrich bewußt koordinieren können.

Wir haben bereits gesehen, wie die beiden Ellbogenschwünge nach beiden Richtungen auf den Finger einwirken können. Aber jetzt werden wir auch den Körper sich an diesen Bewegungen beteiligen lassen.

Diese Übung kann man mit gebrochenen Terzen, Arpeggios, chromatischen Skalen usw. machen. Ich schlage vor, je einmal während drei Bogenstrichen zu atmen.

Lagenwechsel mit einem Finger
Nun folgt eine nützliche Liste von Skalen und *Arpeggios,* die mit jedem einzelnen Finger auf jeder der vier Saiten und in verschiedenen Tonarten zu spielen sind.

Dur-Tonleiter auf der D-Saite

Melodische Moll-Tonleiter auf der G-Saite

Harmonische Moll-Tonleiter auf der G-Saite

Chromatische Tonleiter auf der G-Saite

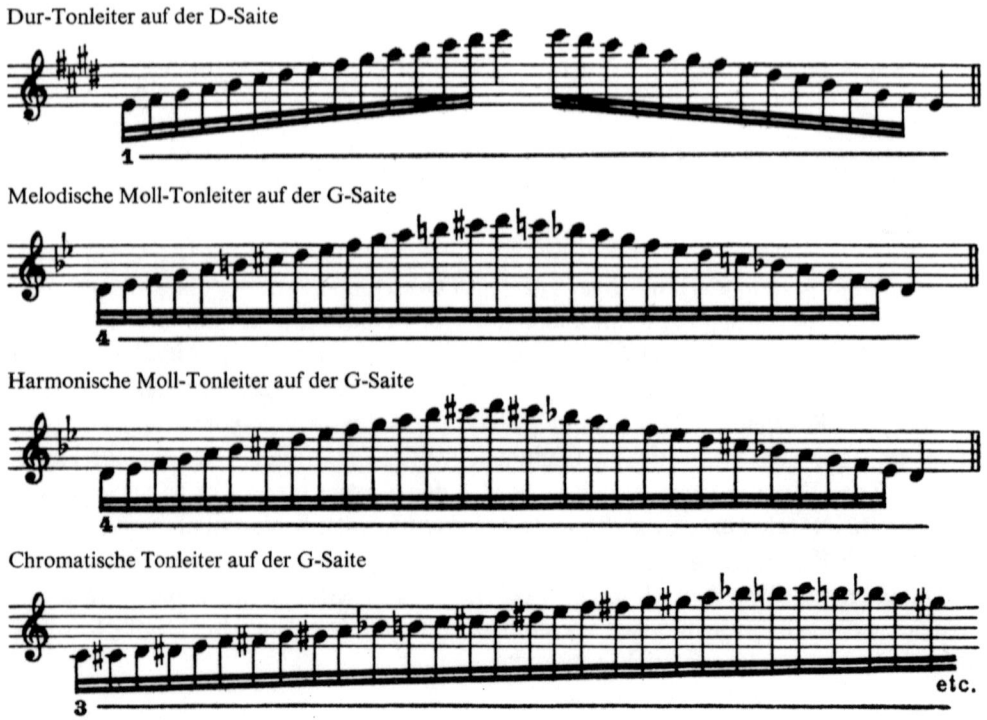

Arpeggio auf der D-Saite

Gebrochene Terzen auf der D-Saite

Wir spielen auch Skalen in gebrochenen Sekunden, Quarten, Sexten, Septimen, Oktaven und Dezimen. Dann versuchen wir, die Noten abwechselnd zu akzentuieren, und denken dabei an die Koordination der Akzente der linken Hand mit den Dreh- oder Schwungbewegungen des linken Ellbogens und den anderen dazugehörigen Körperbewegungen.

Gebrochene Skalen mit Akzenten

Gebrochene Oktaven sind sehr nützlich – auf zweierlei Arten:

Wir üben sie aufwärts und abwärts. Da jeder Wechsel eine beträchtliche Verschiebung auf dem Griffbrett nach oben oder nach unten mit sich bringt, kann diese Verschiebung hier mit einer Ellbogenbewegung, abwechselnd einer Drehung oder einem Schwung, verbunden sein. Diese Tonleitern in gebrochenen Sekunden, Terzen, Quarten usw. können auch langsam gespielt werden – mit sechs oder mehr Noten auf einem Strich, mit eineinhalb *Vibratos* auf jeder Note (das heißt drei Bewegungen bei jedem Ton); die Betonung kommt entweder von der Drehung oder vom Schwung her, je nachdem, ob sich die linke Hand in der gleichen oder in der entgegengesetzten Grundrichtung bewegt wie die rechte. Bei der Arbeit an diesen Tonleitern sorgen wir dafür, daß unsere Körperbewegung mit der besonderen Betonung, die wir gewählt haben, koordiniert ist.

Wir spielen *Arpeggios* über zwei Oktaven und nehmen mit einem Bogenstrich die vollen zwei Oktaven. Je nachdem ob der Ab- oder der Aufstrich benutzt wird, herrscht hier bei jedem Lagenwechsel entweder der Schwung oder die Drehung vor. Bei den Drehpunkten ist die tragende Bewegung für die ganze zurückgelegte Entfernung verantwortlich, und die Drehbewegung nimmt an Umfang ab, wenn das Handgelenk über den oberen Teil der Geige gebeugt ist.

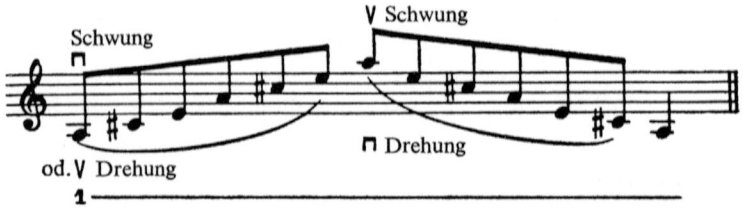

Natürlich, wenn man zwei Bogenstriche benützt, verläuft die Bewegung des linken Ellbogens folgendermaßen:

Dieselbe Übung beginnen wir mit einem Aufstrich. Wir beginnen mit der Drehbewegung, und die Reihenfolge wird umgekehrt.

Nun einige Übungen mit verschiedenen Tonleitern – chromatisch, in Dur, melodisch und harmonisch in Moll – und mit Doppelgriffen mit denselben Fingern, und mit denselben Bogenstrichen.

168

Lagenwechsel mit Fingerkombinationen

Wir spielen im Abstrich eine C-Dur-Skala auf der G-Saite, nur mit dem ersten und dem zweiten Finger, oder nur mit dem zweiten und dem dritten, oder nur mit dem dritten und dem vierten Finger.

G-Saite

```
        1    2    1    2    1    2    etc.
   od. 2    3    2    3    2    3    etc.
   od. 3    4    3    4    3    4    etc.
```

Der Lagenwechsel geschieht wie in unserem mit einem Finger gespielten *Arpeggio* – mit dem Schwung bei nach innen gebogenem Handgelenk, während der höhere Finger bei dem nach außen gebogenen, vorstehenden Handgelenk fällt.

Wenn man die Skala im Aufstrich spielt, findet der Aufwärtswechsel noch bei einwärts gewendetem Handgelenk statt, obwohl es diesmal eine Drehbewegung und kein Schwung ist und der höhere Finger immer noch bei auswärts gerichtetem, vorstehendem Handgelenk fällt.

Bei der Abwärtsskala im Abstrich findet der Wechsel auf den höheren Finger während der Drehung mit nach außen gerichtetem Handgelenk statt. (Nicht zu vergessen: es sind sehr kleine Bewegungen.) Bei der Abwärtsskala im Aufstrich findet der Wechsel beim Schwung statt; das Prinzip bleibt dasselbe.

Um die Koordination noch zu unterstreichen, kann man besondere Übungen machen; man bewegt den linken Daumen *allein* immer in die entgegengesetzte Richtung, welche die Finger nehmen oder nehmen würden; oder man läßt sogar Finger und Daumen in entgegengesetzte Richtungen gleiten.

Triller und Fingerfall

Wir üben die Fallbewegungen der trillernden Finger in beide Richtungen – sowohl mit dem nach außen stehenden als auch mit dem nach innen weisenden Handgelenk für Ab- und Aufstriche. Dabei vergesse man die mitgehenden Körperbewegungen nicht, auch wenn sie jetzt verschwindend klein sind, und man denke daran, den Hals locker und den Kopf aufrecht zu halten.

Wir üben die Triller zwischen den Fingergruppen 1 und 2, 2 und 3, 3 und 4, 1 und 3, 2 und 4, 1 und 4 sowie mit Doppelgriffen. Das sechste *Caprice* von Paganini liefert für all dies ausgezeichnete Beispiele.

Wir üben die Fallbewegungen der Finger auch in gebrochenen Terzen, aber mit dem folgenden Fingersatz, in verschiedenen Lagen: 13241324 aufwärts und 42314231 abwärts.

Einfache Tonleitern über zwei Oktaven

Nach all diesen komplexen Übungen wollen wir zu den einfachen Skalen über zwei Oktaven in einer Lage auf vier Saiten zurückkehren. Das Violinspiel beginnt gewöhnlich mit solchen Übungen, aber ich habe absichtlich diese Koordination beim Skalenspielen für den Schluß aufgehoben. Tonleitern verlangen nämlich eine völlige Gleichmäßigkeit und eine vollkommene Koordination von *Vibrato* und Fingerfall. Die gut gespielte Tonleiter ist ein Beweis für die Beherrschung aller Koordinations-Übungen, die wir bis jetzt gemacht haben. Besonders deutlich zeigt es sich in einer Abwärtsskala, wenn der neue Ton durch das Heben des höheren Fingers hörbar wird. Ist das *Vibrato* in der Hand mit dem Heben des Fingers nicht vollkommen koordiniert, wird die Abwärtsskala niemals so klar und deutlich klingen wie die schlagend gespielte Aufwärtsskala.

Wir üben die Fallbewegungen auf zwei Arten, das heißt mit den zwei Richtungen des Handgelenks. In Wirklichkeit aber wird, außer bei bestimmten Formeln und manchen mit Fingersatz versehenen Lagenwechseln, der Fingerfall in einer Lage gewöhnlich mit nach innen gerichtetem Handgelenk stattfinden.

Strich-Koordination mit Saitenwechsel

Wir üben gebrochene Terzen, Quarten, Sexten, Oktaven und Dezimen auf zwei Saiten.

G- und D-Saite

170

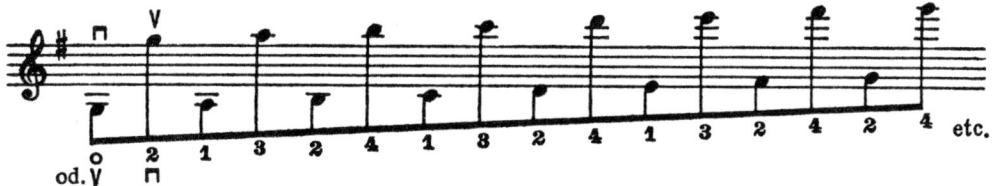

Vergessen wir nicht, daß die mit einem Abstrich begonnenen Übungen auf der tieferen Saite eine große Fingerbeherrschung in der rechten Hand und eine genaue Berechnung der Schwungkraft des rechten Ellbogens verlangen.

Beginnen wir mit dem Aufstrich auf der tieferen Saite, dann beschreibt der Arm einen erheblich größeren Schwung, der übereinstimmend einen größeren Schwung des linken Ellbogens veranlaßt.

Wie vorher bemerkt, gibt es für alle Regeln auch Ausnahmen. Technisch gesehen, ist es einfach so, daß die sichtbare Bewegung von einer andern unterdrückt wird. Wenn wir zum Beispiel im schnellen Spiel mit wenig Bogen über vier Saiten wechseln – mit dem Abstrich auf der tiefsten, dem Aufstrich auf der höchsten Saite und einem Strich für jede Saite – dann ist die Versetzung des rechten Arms auf der vertikalen Ebene größer als auf der horizontalen. Deshalb überwiegt die vertikale Versetzung die horizontale, mit dem Ergebnis, daß das Mitschwingen des linken Ellbogens das Gegenteil eines normalen Mitschwingens im Abstrich wird. Mit andern Worten, der linke Ellbogen schwingt im Abstrich auf der tieferen Saite nach links und beim Aufstrich auf der höheren Saite nach rechts.

Wenn wir mit Ab- und Aufstrichen zwei Töne in einem Strich abwechselnd auf zwei Saiten spielen, verbinden wir tatsächlich in einem einzigen Strich eine Drehung im Uhrzeigersinn mit einer solchen gegen den Uhrzeiger.

Im ersten Beispiel geschieht die Drehung im Uhrzeigersinn mit minimaler Armbewegung beim Saitenwechsel von Abstrich zu Aufstrich; die Drehung gegen den Uhrzeiger vollzieht sich beim Saitenwechsel von Aufstrich zu Abstrich.

Im zweiten Beispiel geschieht die Drehung gegen den Uhrzeiger mit maximaler Armbewegung zwischen einem Abstrich und einem Aufstrich und die kleinste Armbewegung beim Saitenwechsel zwischen einem Aufstrich und einem Abstrich. Beim Spielen der Note vor dem Wechsel denken wir an den dritten Abschnitt unseres Grundbogenstrichs, der leicht und schnell ist und schon zum nächsten Strich gehört.

Völlige Koordination bei verschiedenen Stricharten

Um die verschiedenen Stricharten mit den Bewegungen des Körpers, des linken Arms und der Finger zu koordinieren, wenden wir die verschiedenen Beispiele für die linke Hand, die wir in den Lektionen 5 und 6 geübt haben, bei allen Strich-Übungen von Lektion 4 an.

Schlußbemerkung

In diesen sechs Lektionen haben wir die Technik des Violinspiels auf grundlegende Wellenbewegungen zurückgeführt, die jeden Teil des Körpers einbeziehen. Wir müssen jedoch stets dessen eingedenk sein, daß wir *Mittel* studiert haben – Mittel, die unsere Zwecke würdiger, höher und phantasiereicher werden lassen und immer enger dem Sinn und Geist der Musik annähern. Ohne diese Mittel bleiben uns Geigern unsere Träume nutzlos und stumm – ja, gar schlimmer als stumm, wenn sie hörbar werden! Doch wenn wir imstande sind, jede subtile Modulation in den Akzenten, Betonungen oder Lautstärken zu beherrschen, wenn wir Tempo, Schwingungsweite und Kraft des *Vibratos* so zu verändern verstehen, daß jeder Ausdruckswunsch erfüllt wird, dann besitzen wir eine leuchtende Palette von unbeschreiblichem Glanz.

Anhang 1
Tägliches Üben und Einspiel-Übungen

In meiner Einführung habe ich angeregt, wie Lehrer und Schüler dieses Buch gebrauchen sollen. Nun möchte ich hier noch einige Tips für das Üben geben und eine Reihe von Übungen vorstellen, die den Zweck haben, den fortgeschritteneren Violinspieler in kurzer Zeit so weit zu bringen, daß er imstande ist, die wesentlichsten Bewegungsarten erfolgreich auszuführen, die zum Violinspiel gehören.

Ratschläge für das Üben

1. Man soll sowohl sitzend als auch stehend üben.
2. Man muß darauf achten, den Kinnbacken nicht einzuklemmen. Sobald man spürt, daß man sich versteift, soll man die Geige weglegen, den Mund öffnen und den Unterkiefer so weit als möglich nach vorn strecken.
3. Während des Übens denke man von Zeit zu Zeit besonders ans Atmen. In diesem Zusammenhang möchte ich empfehlen, während des Spielens seinen eigenen oder einen andern Part mitzusingen oder mitzusummen. Dadurch wird man nicht nur auf die Atmung aufmerksam, sondern kann – besonders wenn man einen anderen Part singt – auch verhindern, daß man sich nur mit dem Spielen einer einzigen Melodie beschäftigt und dabei die grundlegende musikalische Konzentration vernachlässigt.
4. Der fortgesetzte Klang der Geige unmittelbar unter dem Ohr des Spielers kann auf die Dauer ermüden und ablenken. Für längeres, ruhiges, doch konzentriertes Üben empfehle ich deshalb, eine fünfzackige Eisen- oder Stahl-Übungs-Sordine zu benützen. Während eine fest zupackende Sordine die Vibration des Instruments beeinträchtigen kann, hat der Übungsdämpfer – auch wenn er während längerer Zeiträume benützt wird – nur eine minimale Übertragungswirkung, da er nur durch sein Gewicht und nicht durch den Zugriff wirkt. Er ist sowohl für den Geiger als auch für seine Umgebung eine nützliche Einrichtung – besonders kurz vor einem Konzert.
5. Zwischen anstrengenden Spielmomenten und in jeder Spielpause soll man bewußt

sich entspannen und alle Gelenke lockern. Mit der Zeit wird sich dies sogar auf die Konzertaufführungen übertragen.

6. Das vielleicht wichtigste Prinzip beim Üben ist Genauigkeit und sorgfältiges Überwachen einer großen Anzahl zusammenwirkender Einzelheiten. Man muß mit dem Kopf ständig dabei sein und Detail nach Detail prüfen. Denken wir daran: je fehlerloser man übt, desto vollendeter spielt man im Konzert.

Einspiel-Übungen

Aus den Untertiteln der folgenden Übungen geht hervor, welche Bewegungen sie betreffen. Es ist empfehlenswert, abwechselnd rechte und linke Hand zu üben, je nach Bedarf wird der Geiger dabei der einen oder anderen Hand einen größeren Anteil der verfügbaren Zeit widmen.

Vorbereitung
Wir treffen eine Auswahl aus den Atem-, Haltungs-, Streck- und Schwungübungen der Lektion 1 und beginnen mit diesen.

Die rechte Hand
1. Geschmeidigkeit
Wir beginnen mit Flageoletts auf zwei Saiten, die gebunden in Gruppen von fünf Noten und ohne jeglichen Druck auf den Bogen gespielt werden. Zum Beispiel:

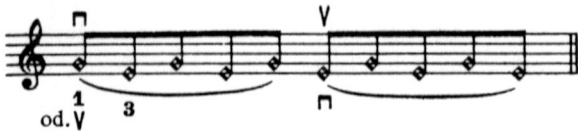

Dann spielen wir diese Noten gebunden in Gruppen von sechs, vier und zwei Noten und zum Schluß in einzelnen Noten:

Darauf folgt eine kombinierte Bewegung am Frosch:

Die Finger der rechten Hand sollten hier dem Saitenübergang eher folgen als ihn beginnen. Diese Bewegung ist leichter auszuführen, wenn die Stange nicht zu weit vom Spieler weggeneigt wird.

Während dieser Übungen kann der Druck der linken Hand so verstärkt werden, daß man die gegriffenen Töne mit möglichst geringer Anstrengung spielen kann.

2. Druck
Wir spielen die Übungen des «ausgedehnten Kreises» aus der Lektion 4. Obwohl der Bogen nicht über die Saiten streicht, sollte die rechte Hand die Ab- und Aufstrichstellungen annehmen; die Übung soll mit allen Teilen des Bogens, auf allen Saiten und mit allmählicher Beschleunigung der Druckbewegung versucht werden. (Dies ist eine ausgezeichnete Vorbereitung auf das *Staccato*). Um die Wirksamkeit der «Aufwärts»-Entspannung der Schulter zu prüfen, hebt man den Bogen gelegentlich ganz von den Saiten auf, wenn man den Druck löst.

3. Schwungbewegung
Auf jeder Saite machen wir zuerst im Aufstrich und dann im Abstrich einige ganze Bogenschwünge, gefolgt von Rückholbewegungen in der Luft, wie in Lektion 2 beschrieben. Dann üben wir dieselbe Bewegung mit kürzeren Strichen, halben und Viertelbogen usw., wobei wir zuerst mit Aufstrichen an der Spitze beginnen und dann mit Abstrichen am Frosch. Wir beschleunigen das Tempo und experimentieren mit verschiedenen Arten von Attacken – sanften und scharf akzentuierten, a) solchen, die aus der Luft geholt werden, und b) solchen, die wie beim *Martelé* vor dem Strich mit Druck erzeugt werden. Es ist für jede Art von Attacke besonders wichtig, den für sie nötigen Muskeltonus zu spüren, *bevor* man den Strich beginnt.

Nach diesen Schwungbewegungen spielen wir punktierte Rhythmen mit verschiedenen Teilen des Bogens.

4. Aufprallbewegung
Wir arbeiten uns durch die *Ricochet*- und *Spiccato*-Übungen der Lektion 4 durch und spielen sie als Höhepunkt zuletzt mit einem leichten, sanften *Détaché* in der unte-

ren Bogenhälfte. Hierauf üben wir auf der Saite in verschiedenen Teilen des Bogens folgenden Rhythmus:

Die Sechzehntelnoten werden mit einer peitschenartigen Wurfbewegung gespielt, wie wir sie in Lektion 4 beschrieben haben.

5. Weitere Saitenwechsel-Bewegungen
a) An der Spitze, in der Mitte und am Frosch, wie in den Lektionen 1 und 4 beschrieben.
b) *Détaché* in beiden Hälften des Bogens:

Unseren Kopf lassen wir dabei sich frei von einer Seite zur anderen bewegen.

6. Großes *Détaché*
Wir spielen Skalen mit folgender Bogenführung:

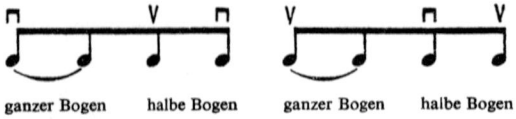

ganzer Bogen   halbe Bogen   ganzer Bogen   halbe Bogen

Dann üben wir folgenden Strich, der das gelenkte Ziehen des *Détachés* mit dem Elan einer Schwungbewegung verbindet:

Bei den akzentuierten Noten bewegt sich der Arm schneller, so daß die Hand in die Form des folgenden Strichs in der Gegenrichtung geworfen wird.

7. Das Tremolo
Wir üben die Schwingbewegung, die das Tremolo verlangt, wie in Lektion 4 beschrieben.

176

8. Der singende Ton

Wir üben laute, langsame ganze Bogenstriche in allen Stellungen der linken Hand, zuerst einzelne Noten und dann Doppelgriffe. Wir pflegen eine Bogenhaltung, die der Hand die Vibrationen der Saite zu spüren erlaubt, so daß wir Unterschiede in der Tonhöhe am Tempo und an der Weite der Vibrationen zu erkennen vermögen.

Die linke Hand

1. Der große Schwung

Wir üben Lagenwechsel über zwei Oktaven mit einem Finger auf einer Saite, drei Noten bei jedem Bogenstrich:

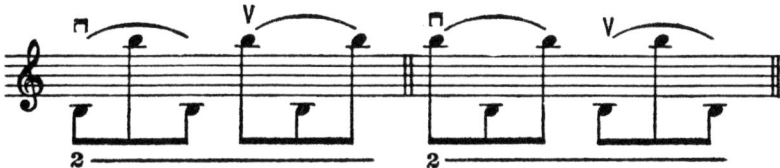

Diese Lagenwechsel sollten mit jedem Finger (2, 4, 1, 3) nacheinander auf jeder Saite gemacht werden (D, E, G, A).

2. Ziehen und Stoßen an einer Stelle

Wir setzen einen Finger auf eine Note und ziehen – ohne diese loszulassen – den Arm zuerst vom Körper weg gegen die Schnecke, dann stoßen wir ihn einwärts gegen den Steg. Dies wiederholen wir mit jedem Finger auf verschiedenen Punkten den Saiten entlang. Geiger mit schwachen Fingern sollten auch die anderen Arten mit Gegendruck vom Finger, wie in Lektion 5 beschrieben, üben.

3. Werfen auf einen Punkt

Wir lassen den Finger auf einer Note und erzeugen vom Handgelenk aus eine große *Vibrato*-Bewegung, die mit einer Zieh- und einer Stoßbewegung des Arms und mit einem Ellbogenschwung verbunden wird. Dies wiederholen wir mit jedem Finger an verschiedenen Punkten entlang den Saiten.

4. Fingerwurf

Mit dem Daumen bleiben wir an einer Stelle und werfen die Hand und einen oder mehrere Finger die Saiten entlang in eine ausgestreckte Stellung und wieder zurück in eine gebeugte Stellung (vgl. Lektion 3, Abb. 22).

5. Fingerwurf kombiniert mit Armschwung

Wir spielen gebrochene *Arpeggios* in Dur und in Moll wie die folgenden mit einem Finger auf einer Saite:

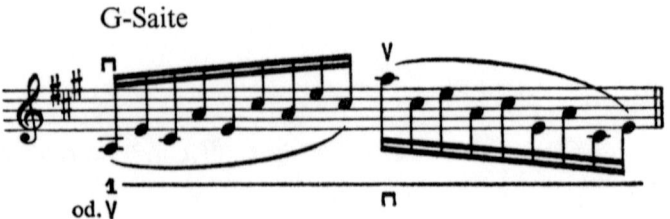

G-Saite

Diese *Arpeggios* spielen wir nacheinander mit jedem Finger (2, 4, 1, 3) auf jeder Saite (D, E, G, A).

Dann spielen wir Dur- und Moll-Tonleitern, ungebrochene *Arpeggios* und chromatische Skalen auf dieselbe Art. Die Richtung der linken Armdrehung und der Schwungbewegungen hängt, wie wir in Lektion 5 gesehen haben, von der Bogenrichtung ab. Wir üben, indem wir alle Skalen und *Arpeggios* sowohl mit Abstrichen als auch mit Aufstrichen beginnen. Damit bestimmt alle Tonarten an die Reihe kommen, schlage ich vor, in der Reihenfolge des Quintenzirkels alle Dur-Tonarten mit den parallelen Moll-Tonarten zu üben: C-Dur, a-Moll, G-Dur, e-Moll usw. – täglich eine Dur- und eine Moll-Tonart. Das Üben der chromatischen Skalen kann variiert werden, indem man die Übung auf Seite 146 einbezieht, bei der ein Finger auf einem Punkt bleibt, während ein anderer chromatisch auf- und abgleitet.

6. Fallbewegung und Triller

Wir üben den Fingerfall in Skalen und Trillern mit allen möglichen Kombinationen der Finger auf allen vier Saiten, wie in Lektion 5 beschrieben.

Anhang 2
Pflege von Geige und Bogen

Harz und Staub dürfen sich niemals auf dem Geigenkörper ansammeln. Der Geigenkörper muß öfters leicht abgewischt werden. Die lackierte Oberfläche sollte man nie mit den Fingern berühren; der Geigenkörper soll nur am Kinnhalter berührt und gehalten werden.

Man kann ganz weiche alte Seide, Kleenex oder Watte benützen. Watte eignet sich besonders zum Reinigen der Stellen unter dem Griffbrett, des Saitenhalters, des Kinnhalters und des Stegs. Ein dünnes Stück Papier wird in die engen Fugen der F-Löcher eingefügt, um sie freizuhalten; ebenso wird der Steg behandelt. Zum Polieren, was nur selten geschehen soll, benützt man am besten «Hill's» oder ein anderes gutes, bewährtes Poliermittel, aber nur sparsam; es darf weder Fett noch Öl zurückbleiben, da es ins Holz eindringen könnte. Das Griffbrett und die Saiten werden sauber gehalten, indem man sie täglich mit gereinigtem Benzin und nachher mit Alkohol oder mit Eau de Cologne abreibt. Die Saiten klingen besser und vibrieren freier, wenn sie sauber sind.

Ab und zu soll eine kleine Handvoll Reiskörner in die F-Löcher geschüttet werden. Die Geige wird mit dem Reis im Innern geschüttelt und dann umgedreht, worauf der Reis aus den F-Löchern fällt und manchmal ganze Bällchen von Staubflocken mitbringt.

Der Wirbelkasten sollte bei jedem Saitenwechsel gereinigt werden. Man untersucht, ob die Wirbel eng passen. An den Kontaktlöchern können sie mit einem Hill-Stick eingerieben werden, was bewirkt, daß sie sich leichter bewegen lassen und doch nicht rutschen.

Es sollten nur gute Saiten benützt werden. Ich bevorzuge stahlumsponnene Darmsaiten für die A-, D- und G- und eine aluminiumumsponnene E-Saite. Aber ich erkenne die Brauchbarkeit der Ganzmetallsaiten auf sehr robusten modernen Fiedeln und Bratschen durchaus an. Alten Instrumenten schadet jedoch die zu große Spannung; zudem «zerdrückt» sie den Ton.

Die Bogenstange muß völlig gerade sein. Sobald die Haare leicht brechen, muß der Bogen frisch bespannt werden. Da die Haare immer zuerst an der Außenseite des

Bogens abgehen, krümmen und verbiegen die restlichen oft die Bogenstange. Man reinigt die Stange mit Alkohol und achtet darauf, daß dabei die Bogenhaare nicht feucht werden.

Das Behaaren des Bogens ist eine exakte und heikle Arbeit, die nur einem erfahrenen Fachmann anvertraut werden sollte.